Die Aussprache des Frühneuhochdeutschen nach Lesemeistern des 16. Jahrhunderts

Berkeley Insights in Linguistics and Semiotics

Irmengard Rauch
General Editor
Vol. 1

PETER LANG
New York • Bern • Frankfurt am Main • Paris

Sigrid D. Painter

Die Aussprache des Frühneuhochdeutschen nach Lesemeistern des 16. Jahrhunderts

PETER LANG
New York • Bern • Frankfurt am Main • Paris

Library of Congress Cataloging-in-Publication Data

Painter, Sigrid D.
　Die Aussprache des Frühneuhochdeutschen nach Lesemeistern des 16. Jahrhunderts / Sigrid D. Painter.
　　p. cm.—(Berkeley insights in linguistics and semiotics ; vol. 1)
　A revision of the author's thesis (doctoral) — Universität von Kalifornien. Berkeley, 1986.
　　Bibliography: p.
　　Includes index.
　　1. German language — Early modern, 1500-1700 — Pronunciation. 2. German language — Early modern, 1500-1700 — Grammar.   I. Title.   II. Series.
PF3137.P35　　1989　　430'.9'031—dc19　　87-21423
ISBN 0-8204-0498-5　　　　　　　　　　　　　　CIP
ISSN 0893-6935

CIP-Titelaufnahme der Deutschen Bibliothek

Painter, Sigrid D.:
Die Aussprache des Frühneuhochdeutschen nach Lesemeistern des 16. Jahrhunderts / Sigrid D. Painter. — New York; Bern; Frankfurt am Main; Paris: Lang, 1988.
　(Berkeley Insights in Linguistics and Semiotics; Vol. 1)
　ISBN 0-8204-0498-5

NE: GT

© Peter Lang Publishing, Inc., New York 1989

All rights reserved.
Reprint or reproduction, even partially, in all forms such as microfilm, xerography, microfiche, microcard, offset strictly prohibited.

Printed by Weihert-Druck GmbH, Darmstadt, West Germany

INHALTSVERZEICHNIS

ABKÜRZUNGEN	xi
GELEITWORT	xiii
EINLEITUNG	1
1. DIE LESEMEISTER UND IHRE WERKE	7
1.1 Valentin Ickelsamer	12
1.2 Johannes Kolroß	17
1.3 Meister Hans Fabritius	18
1.4 Sebastian Helber	20
1.5 Stand der Forschung	22
2. DIE ORTHOGRAPHIE ALS QUELLE FÜR LAUTUNG	27
2.1 Interpunktion	32
2.1.1 Ickelsamer	34
2.1.2 Kolroß	36
2.1.3 Fabritius	37
2.1.4 Helber	38
2.2 Großschreibung	39
2.3 Abkürzung	43
2.3.1 Ickelsamer	44
2.3.2 Kolroß	44
2.3.3 Fabritius	45
2.3.4 Helber	46
2.4 Worttrennung	47
2.4.1 Ickelsamer	47

2.4.2	Kolroß	51
2.4.3	Fabritius	52
2.4.4	Helber	54
2.5	Die prosodischen Merkmale	55
3.	**DIE ZEICHENANALYSE**	**61**
3.1	Die Vokalzeichen	63
3.1.1	Lang- und Kurzvokale	64
3.1.2	Umlautsvokale	70
3.1.3	Diphthonge	73
3.1.4	Zusammenfassung	79
3.2	Die Konsonantenzeichen	84
3.2.1	Verschlußlaute	85
3.2.2	Reibelaute	90
3.2.3	Sonorlaute	95
3.2.4	Zusammenfassung	97
4.	**DIE AUSSPRACHE DER VOKALE**	**103**
4.1	<i, y, ie, ü, ů>	107
4.2	<e, ẫ, ỗ>	112
4.3	Die Nebensilbenvokale	117
4.4	<u, o, a, å>	121
4.5	Vokalquantität	125
4.6	Die Diphthonge	127
4.6.1	<ei, ai>	129
4.6.2	<au, ou>	131
4.6.3	<eu, eü, åw, ỗu>	133
4.7	Das Phonemsystem der Vokale	135

5. DIE AUSSPRACHE DER KONSONANTEN		141
5.1	Die Verschlußlaute	144
	5.1.1 <b, p, pf>	145
	5.1.2 <d, t>	147
	5.1.3 <g, k, q>	150
5.2	Die Reibelaute	154
	5.2.1 <f, v, w>	155
	5.2.2 <s, ß, sch, sp, st, z, x>	159
	5.2.3 <h, ch, chs, j>	164
5.3	Die Sonorlaute	167
	5.3.1 <l, r>	167
	5.3.2 <m, n, ng>	168
5.4	Das Konsonantensystem	170
6. SCHLUSSFOLGERUNGEN		175
ANHANG, Ausschnitte aus den Schriften der Lesemeister		181
Fabritius		183
Helber		185
Kolroß		186
Ickelsamer		187
BIBLIOGRAPHIE		189
SACHVERZEICHNIS		197

ABKÜRZUNGEN

Sprachbezeichnungen

ahd.	althochdeutsch
bair.	bairisch
frühnhd.	frühneuhochddeutsch
germ.	germanisch
md.	mitteldeutsch
mhd.	mittelhochdeutsche
nhd.	neuhochdeutsch
obd.	oberdeutsch
ostmd.	ostmitteldeutsch

Andere Abkürzungen

bzw.	beziehungsweise
d.h.	das heißt
m.E.	meines Erachtens
usw.	und so weiter
z.B.	zum Beispiel
z.T.	zum Teil

Zeichen

[ ]	Lautwert (Allophon)
/ /	Phonem
< >	Graphem
>	wird zu
<	entstanden aus
*	rekonstruiert
(p)-	(p) im Anlaut
-(p)	(p) im Auslaut
-(p)-	(p) im Inlaut

GELEITWORT

DIE LESEMEISTER ALS QUELLE FÜR DIE FRÜHNEUHOCHDEUTSCHE LAUTGESCHICHTE.

Dr. Sigrid Painters Untersuchung der wichtigsten Beschreibungen frühnhd. Laute von Lesemeistern füllt eine überraschende Forschungslücke. In meinem **Frühneuhochdeutsch** habe ich auf diese Quelle hingewiesen (Penzl 1984, §14, §42), ohne auf Einzelheiten eingehen zu können. Johannes Müllers 'Literarische Notizen' zu seiner verdienstvollen Ausgabe der **Quellenschriften** enthalten keinen sprachlichen Kommentar. Die Forschung hat im allgemeinen überhaupt das orthoëpische gegenüber dem graphischen Textmaterial in seiner Bedeutung unterschätzt. Die ganze frühnhd. Periode, die wir mit 1350 bis etwa 1730 ansetzen, kann als der Weg von regionalen Schriftdialekten zu einer einheitlichen Schriftsprache charakterisiert werden. Der Anteil der Grammatiker und der Lesemeister an dieser Entwicklung war m.E. viel größer als die Handbücher in ihrer Darstellung zugeben. Die Lesemeister sind besonders wichtig, weil sie mit den Anfängen des Deutschunterrichts in den Schulen verbunden sind.

Die Schriften der Lesemeister, die mit Kristoffurus Huber zu Landshut in Bayern beginnen (1477!), sind als Quelle von den Grammatikern der Frühzeit wie Albertus Laurentius (1573), A.A. Ölingerus (1573), Johannes Clajus (1578) streng zu trennen. Es soll ja nicht hochdeutsche Grammatik nichthochdeutschen oder nichtdeutschen Sprechern beigebracht werden, sondern deutschen Schulkindern und wohl auch analphabetischen deutschen Erwachsenen Lesen und Schreiben des Deutschen (s. unten S. 7). Einige einschlägige Schriften gehen, wie schon ihr Titel zeigt, darüber hinaus und wollen auch eine Art Briefsteller geben, z.B. Fabian Frangks (1531) **Orthographia** ("Ein Cantzley vnd Titel büchlin/ Darinnen gelernt wird/ wie man Sendebriefe förmlich schreiben/ vnd einen jdlichen// seinen gebürlichen Titel geben sol."). Ortholph Fuchßperger weist in seiner **Leeßkonst** (1542) darauf hin, daß Kinder leichter durch einen deutschen Text, den sie verstehen, lesen lernen als durch einen lateinischen (Müller 1882, S. 170).

Die Beschreibungen der Lesemeister sind natürlich nicht für ihre Schüler sondern für andere Lesemeister bestimmt, die z.T. in öffentlichen Schulen, meist aber in Privatschulen und als Privatlehrer (Lesemeister, Schreibmeister, Rechenmeister) tätig waren (s. unten S. 7). Die Lesemeister kennen die Werke ihrer Kollegen, das zeigt die oft wörtliche Übereinstimmung in der Beschreibung (vgl. unten S. 116). Die Handbücher rechnen kaum mit dem Einfluß des Deutschunterrichts auf die Entwicklung zur Hochsprache. Die übergroße Seltenheit der erhaltenen Exemplare von Schriften der Lesemeister spricht gegen ihre weite Verbreitung, scheint also diese Ansicht zu bestätigen.

Worin liegt nun die eigentliche Bedeutung der Schriften als Quelle? Schon als Texte muß man ihnen besondere Bedeutung zuerkennen. Wenn nicht Verlag und Drucker erkennbar von der Handschrift abweichen, müssen wir die Textformen als Illustration der Orthographie- und Lautungsnorm der Lesemeister als Verfasser und Schreibmeister ansehen, da ja eine bewußte Wahl der Schriftzeichen vorliegen muß.

Die Lesemeister sind eine gute Quelle für die landschaftliche Variation der

Schriftdialekte und Mundarten (vgl. Helber unten S. 73, 126; Frangk 1531, S. 106f.), die sie ausdrücklich erwähnen müssen, da ja das Lesen ihrer Schüler sich nicht auf den Schriftdialekt ihrer Gegend beschränken kann. Der Mangel eines außerdialektischen Standards ermöglicht besonders in der frühesten Zeit eine enge Beziehung Laut/Schriftzeichen für die Lesemeister als Schreibmeister. So ergibt sich in ihrer Orthographie eine gute Quelle für die landschaftlichen Aussprachen der Zeit (vgl. auch unten S. 103), z.B. bei dem Landshuter Huber <kchranckch> 'krank' (Müller 1882, S. 11) mit anlautender und auslautender bairischer Affrikata.

Die Beziehung Laut/Schriftzeichen als Unterrichtsmethode (Müllers "Lautiermethode" besonders bei Ickelsamer) der Lesemeister regt zu einer Art phonetischen Beschreibung der Laute an. Der Vergleich mit nichtsprachlichen Geräuschen und Tierlauten (vgl. unten S. 106) scheint recht primitiv, ist aber oft leicht interpretierbar. Wie ich (Penzl 1984, §42) zitierte, zeigt Ickelsamers (1534) Beschreibung von <g> (vgl. unten S. 148 "wie die gänse pfeiffen/ wenn sie einen an lauffen zu beisen"), daß das Zeichen einen stimmlosen (?) Reibelaut ausdrückt. Einige Beschreibungen sind aber ganz "organogenetisch". In Peter Jordans **Leyenschul** (1538) werden /d/ und /t/ als dorsal und alveolar, nicht etwa apikal beschrieben: "dringt die zunge oben an den gummen/ rürend die vntern zene mit der spitzen" (Müller 1882, S. 114). Die Schriftzeichen werden als Buchstaben mit den lateinischen Fachausdrücken (Jordan: Consonanten) oder deren Übersetzung (Jordan: Stimmende 'Vokale') bezeichnet. Bemerkenswert ist die Tatsache, daß Ickelsamer (1534, S. 139) den velaren Nasallaut in *Engel* eindeutig beschreibt, ohne daß die Orthographie einen Anhaltspunkt gibt (s. unten S. 169-170).

Für die frühnhd. Lautgeschichte, Aussprache und Schreibpraxis sind die pädagogisch motivierten Lesemeister die wichtigste Quelle. Das hat Sigrid Painter in ihrer Untersuchung zeigen können.

Berkeley, California
Im Februar 1987   Herbert Penzl

EINLEITUNG

Das Ziel der Studie ist, die Aussprache des Frühneuhochdeutschen zu beschreiben. Sie befaßt sich, wie der Titel zeigt, mit den wichtigsten Lese- und Schreibmeistern des 16. Jahrhunderts und deren Werken, die eine von der Forschung oft unterschätzte Quelle für die Geschichte des deutschen Lautsystems darstellen.

Das 16. Jahrhundert ist in der Geschichte der deutschen Sprache von großer Bedeutung, da in diese Zeit die ersten Ansätze zur Formulierung einer Grammatik und zu einer Gemeinsprache fallen, auch wenn der Vorgang erst Jahrhunderte später zum Abschluß kommt. Wichtig ist außerdem die erste Auseinandersetzung der Theoretiker mit der Beziehung von Schreibung und Lautung, die Anlaß zu den phonetisch-akustischen Beschreibungen der Laute durch die Lesemeister gibt.

Die Quellen für die sprachliche Erforschung einer vergangenen Periode sind die Texte, die aus dieser Zeit überliefert sind. Neben den deutschen Urkunden und Schriften der Kanzleien werden im 16. Jahrhundert Unterhaltungsliteratur und Fachprosa aller Art zahlreicher und vielfältiger. Dazu gehören auch die theologischen und religiösen Schriften und die ersten grammatischen Texte der deutschen Sprache. Zu diesen zählen die Arbeiten der Lesemeister, die für eine sprachliche Analyse von besonderer Bedeutung sind, da sie die ersten zeitgenössischen Beobachtungen über die frühneuhochdeutsche Sprache von

Sprechern verschiedener Mundarten enthalten.

Die wesentlichen Merkmale der Sprache des 16. Jahrhunderts sollen durch eine synchronische Textanalyse und durch Vergleich der Schriftsprache mit den phonetischen Angaben der Lesemeister erfaßt werden. Ausgangsmaterial sind die vollständigen Texte der Werke von Valentin Ickelsamer: **Teutsche Grammatica** (1537^2), Johannes Kolroß: **ENchiridion** (1530), Meister Hans Fabritius: **Eyn Nutzlich buchlein etlicher gleich stymender worther Aber vngleich verstandes** (1532) und Sebastian Helber: **Teutsches Syllabierbüchlein** (1593).

Die Wahl der Quellen wurde zum Teil von der Persönlichkeit der Autoren selbst bestimmt, die zweifellos zu den bedeutsameren Lesemeistern ihrer Zeit zählen. Außerdem wurde berücksichtigt, daß ihre Werke nicht nur repräsentativ für diese Textsorte sind, sondern auch die verschiedenen Dialekte und Schriftsprachen des Frühneuhochdeutschen reflektieren. Sie stammen mit Ausnahme von Helbers **Syllabierbüchlein** aus demselben Zeitraum.

Neben die homographische Analyse tritt ein diagraphischer und diatopischer Vergleich. Da Ickelsamer als einziger mehr als eine Arbeit veröffentlicht hatte und sein Hauptwerk, die **Grammatica**, in verschiedenen Drucken erhalten ist, ist es möglich, durch Vergleich einen besseren Einblick in die Sprache des Autors zu gewinnen und die Einwirkungen der Druckersprache zu identifizieren. Die Faksimileausgabe von Heinrich Fechner (1882) wird zu diesem Zweck verwendet. Wo es nützlich scheint, wird neben der **Rechten weis** auch die Rothenburger Flugschrift **Clag etlicher brüder an alle Christen** als Beweismaterial herangezogen.

Die Materialsammlung für die Untersuchung geht von der Graphematik der

Texte aus. Sie schließt Satzzeichen, Großschreibung, Abkürzungen und Worttrennung, sowie die Erfassung des Schreibungssystems mit ein. In der Anordnung des Materials werden zuerst die Vokal- und dann die Konsonantenzeichen erfaßt und in den verschiedenen Texten verglichen. Aus dem Verhältnis der Schriftzeichen zueinander und aus ihrer direkten und indirekten Variation sind Beziehungen von Prägraphien und Postgraphien zu erkennen, die es ermöglichen, phonologische Schlüsse zu ziehen und bestimmte lautliche Entwicklungen zu verfolgen. Der Zeichenanalyse folgt eine inhaltliche Analyse der Texte, die sich auf die phonetischen Lautbeschreibungen und die Interpretation der orthographischen Anweisungen konzentriert, welche oft indirekt über die Aussprache Auskunft geben. So werden die Äußerungen der Lesemeister über die Sprache selbst zum Sekundärmaterial. Aus dem Vergleich der beiden Quellen, Schriftzeichen und orthoëpischen Angaben, ergibt sich zusammenfassend das Gesamtinventar der Phoneme in der deutschen Sprache des 16. Jahrhunderts, das jedoch noch keine Gemeinsprache erkennen läßt.

Reime können eine zusätzliche Quelle für eine phonologische Untersuchung sein. Obwohl die Texte als grammatische Fachliteratur kaum poetisches Material enthalten, bietet das "Geistliche ABC", das in Gedichtsform dem **Syllabierbüchlein** beigefügt ist, Gelegenheit, die Aussprache der Vokale zu untersuchen.

Trotz der synchronischen Beschreibungsmethode ergibt sich aus der Anordnung des Materials und aus der verschiedenen mundartlichen Entwicklung, die sich in der Schriftsprache widerspiegelt, ein diachronisches Bezugssystem. Eine kurze Behandlung der wichtigsten lautlichen Entwicklungen des Frühnhd. gegenüber dem

Mhd. soll als Einleitung zu den lautlichen Beschreibungen zum besseren Verständnis der sprachlichen Verhältnisse in den Texten und in ihrer Beziehung zueinander beitragen.

Da Allophone nur selten in der Schriftsprache zum Ausdruck kommen, kann man über ihr Vorhandensein nur spekulieren. Eine phonetische Beschreibung der Phoneme kann also nur eine Annäherung sein und nicht in Einzelheiten erfolgen.

Es ergeben sich einige Schwierigkeiten, wenn es nicht möglich ist, mit den Originaldrucken zu arbeiten. Herausgeber führen oft in späteren Ausgaben Änderungen ein, wie zum Beispiel moderne Interpunktionszeichen, die ihre eigene Interpretation reflektieren. Obwohl das mit der Absicht geschieht, die Texte dem Leser zugänglich zu machen, erschwert der Brauch, beim wissenschaftlichen Arbeiten ein klares Bild über die Verhältnisse im Originaldruck zu gewinnen.

Das erste Kapitel der vorliegenden Studie enthält eine kurze Besprechung der Lesemeister und ihrer Werke und des Stands der Forschung. Die folgenden Kapitel, zwei bis fünf, sind Textanalysen. Das zweite Kapitel behandelt die Orthographie als Quelle für Lautung und konzentriert sich auf die Interpunktion (2.1), Großschreibung (2.2), Abkürzungen (2.3) und Worttrennung (2.4). Kapitel drei ist eine Analyse der Schriftzeichen. Das vierte und fünfte Kapitel enthält die systematische Untersuchung und Interpretation der Lautbeschreibungen der Lesemeister und einen Vergleich mit den Schreibungen in den Texten. Das sechste Kapitel bringt eine Zusammenfassung der Schlußfolgerungen. Als Beispiel für die Schriftdialekte der Autoren sind im Anhang kurze Ausschnitte aus ihren Werken ausgewählt worden. Anmerkungen befinden sich am Ende der Kapitel.

Da in der Analyse ständig Formen aus den verschiedenen Texten als Belege zitiert werden, schien es angebracht, für die Namen der Autoren folgende Abkürzungen zu verwenden: Ick. (Ickelsamer), Kol. (Kolroß), Fab. (Fabritius) und Hel. (Helber).

Das vorliegende Buch ist eine überarbeitete Fassung meiner 1986 an der Universität von Kalifornien Berkeley angenommenen Dissertation. Es ist mir eine angenehme Pflicht, den folgenden Personen für ihre wertvollen Ratschläge und mannigfache Unterstützung meiner Arbeit zu danken: Professor Herbert Penzl, Louis und Michael Painter, Barbara Schönefeldt, Sigrid Altgelt und besonders Professor Irmengard Rauch, Herausgeberin der Reihe. Dem Verlag danke ich für die angenehme Zusammenarbeit.

San Rafael, California   Sigrid D. Painter

1. DIE LESEMEISTER UND IHRE WERKE

Die Lesemeister des 16. Jahrhunderts waren die ersten Lehrer des deutschsprachlichen Unterrichts. Ihr Ziel war praktisch und didaktisch, nämlich hochdeutsch sprechenden Kindern und erwachsenen Analphabeten die Kunst des Lesens und Schreibens zu vermitteln.

Sie waren häufig Privatlehrer oder unterrichteten als "teutsche" Schulmeister, neben den alten, den "lateinischen", an Privatschulen oder Schulen unter städtischer Leitung. Ihr Fachbereich war auf das Lesen deutscher Fibeln (oder geschriebener Briefe), das Schreiben und Rechnen beschränkt, wie es zum Beispiel in den Schulordnungen von Freiburg i. Breisgau vorgeschrieben war. Lateinische Texte durften sie nur verwenden, wenn es die deutschen Sprachkenntnisse fremdsprachiger Schüler förderte (Roethe 1882, S. XII).

Soweit es aus ihren Schriften ersichtlich ist, kamen die Lesemeister aus gebildeten Kreisen, d.h. daß sie die klassischen Sprachen kannten, und bekleideten neben ihrer Schultätigkeit oft Stellungen des Stadtschreibers, Guldenschreibers oder Kaiserlichem Notars (s. 1.4). Sie schätzten ihren Beruf und legten Wert auf den Titel "Meister" wie Fabritius zeigt, der die nicht qualifizierten "Winkelschreiber" kritisierte, die ihnen jetzt, wo das Lesenlehren eine neue Berufsmöglichkeit bot, Konkurrenz zu machen schienen (s. Anhang, S. 183-184).

Die geistigen Strömungen des 16. Jahrhunderts, das unter dem Einfluß des Humanismus und der Reformation stand, gaben ihrem Wirken eine gewisse Dringlichkeit. Es war eine Zeit, in der plötzlich sehr viel mehr geschrieben wurde als früher. Mit der Erfindung des Buchdrucks und Zugang zu billigem Schreibstoff, Papier, das seit etwa 1300 in Deutschland hergestellt oder aus Italien eingeführt wurde (Eggers 1969, S. 7), hatte eine neue Zeit des schriftlichen Sprachgebrauchs begonnen. Angeregt durch die Reformation, die die Sache des Glaubens zur Angelegenheit aller machte, und durch das Bestreben der humanistischen Gelehrten, die ihre Einsichten und ihr Wissen jedermann zugänglich machen wollten, wurden die Diskussionen und die Kritik an der Zeit jetzt zum großen Teil in deutscher Sprache geführt. Dies hatte die Entwicklung einer neuen deutschen Literatur, die sich an alle richtete, zur Folge. Eine gute Bildung war nicht mehr ausschließlich das Recht der Adligen, und die Kunst des Lesens nicht mehr an das Lateinische gebunden. Deutsche Bücher verlangten, daß man sich mit der deutschen Sprache auseinandersetzte. Das geschah zu dieser Zeit in erster Linie aus pädagogischen Gründen in den Kreisen der Schulmeister und Schreiber. Man machte sich Gedanken über Lehrmethoden, über die Diskrepanz zwischen Lautung und Schreibung, über die Orthographie und die Grammatik der deutschen Sprache.

Zu den Schriften der Lesemeister, die uns aus dieser Zeit erhalten sind, zählen Jacob Grüßbeütels **Stymenbüchlein** (1531), eine Bilderfibel ohne erläuternden Text, Peter Jordans **Leyenschůl** und Ortholph Fuchßpergers **Leeßkonst** (1542). Die bedeutendsten Leistungen aus dem Kreise der Lesemeister sind jedoch die folgenden Werke, die die Grundlage dieser Studie bilden:

1. Valentin Ickelsamer, **Teutsche/ Grammatica // Darauß einer vŏ jm selbs mag lesen lernen/** mit allem dem/ so zum // Teütschen lesen vnnd desselben // Orthographian mangel vñ // überfluß/ auch anderm // vil mehr/ zů wis= // sen gehŏrt.// Auch ettwas von der rechten art // vnd Etymologia der teütschen sprach // vnd wŏrter/ vnnd wie man die // Teütschen wŏrter in jre sil= // ben taylen/ vnd zůsa= // men Bůchsta= // ben soll. // (1537?).

Dazu **Die rechte weis // auffs kürtzist lesen zu lernen //** wie das zum ersten erfunden/ vnnd auß der // rede vermerckt worden ist/ Valentin // Ickelsamer/ Gemehret mit Silben figurn // vnd Namen/ Sampt dem text des // kleinen Catechismi.// (1534[2]).

Für beide Schriften wird die Ausgabe von Johannes Müller (1882) in **Quellenschriften und Geschichte des deutschsprachlichen Unterrichts bis zur Mitte des 16. Jahrhunderts** verwendet.

2. Johannes Kolroß, **ENchiridion: // das ist Handbůchlin tütscher Orthographi/** h'chtütsche // sprǎch artlich zeschryben/ vnd lǎsen/ sampt ey= // nem Registerlin über die gantze Bibel/ wie// man die Allegationes vnd Concordantias/ so // im Nüwen Testament nǎben dem text/ // vnnd sunst mit halben Latinischen // worten verzeychnet. Ouch // wie man die Cifer vnd // tüdtsche zaal // verston // soll. // (1530), ebenfalls in Müller (1882) abgedruckt.

3. Meister Hans Fabritius, **Eyn Nutzlich buchlein etlicher gleich stymender worther Aber vngleichs verstandes/** denn angenden deutschen schreyb schůlern/ zu gut mitgeteylt/ Durch Meister Hanssen fabri=// tiū Rechenmeister vnd deutscher schreyber zu Erffurth (1532), herausgegeben von John Meier (1895) in **Ältere deutsche Grammatiken in Neudrucken.**

4. Sebastian Helber, **Teutsches Syllabierbůchlein,** Nemlich Gedruckter Hochteütscher sprach Lesenskunst: Sambt erzeelung derer Wŏrteren, in wellichen nach vnterschiedenem gebrauch dreierlei druckereien vnd aussprachen, Ai, Ei, Au, Ou, Eu, Eů, gefunden werden (1593), neu gedruckt von Gustav Roethe 1882.

Die Arbeiten der vier Lesemeister geben ein gutes Bild der verschiedenen Schriftsprachen, die im deutschsprachigen Raum nebeneinander existierten. Ickelsamer vertritt den oberdeutschen Sprachtyp, Kolroß den alemannischen,

Fabritius den mitteldeutschen, und Helber bezeugt, daß sich am Ende des Jahrhunderts die mitteldeutsche Schriftsprache im oberdeutschen Sprachgebiet verbreitet hat, auch wenn die lokale Mundart von ihr abweicht.

Die Lesemeister teilen die Ansicht, daß ihr Beruf eine von Gott inspirierte Aufgabe ist. Als ein Hauptargument für die Wichtigkeit des Lesenlernens gelten für Ickelsamer und Kolroß, die beide die religiöse Erziehung mit der sprachlichen verbinden, daß damit dem "einfaltigen leyen" Zugang zur "heylig gschrifft (sins göttlichen worts)" (Kol. S. 65) ermöglicht wird. Auch Fabritius betont die Notwendigkeit und Nützlichkeit des Lesenlernens, denn die Reformation hat dem deutschen Volk die Bibel und andere gute Bücher gebracht, "welche von hochgelerten leuten gantz gründtlich vnd zum guten verstand mit geteilt worden sind" (Fab. S. 12). Er verlangt, wie auch Ickelsamer (S. 121), daß der Vater seine Kinder und Hausangehörige im Lesen unterrichte und geistlich versorge (Fab. S. 13). Und wie Ickelsamer, der in seiner Gabe zum Lehren die Einwirkung göttlicher Gnade sieht (Ick. S. 123), so verbindet Fabritius den Erfolg des Schülers mit dem Willen Gottes. Der Schüler antwortet dem Meister auf die Frage, ob er Lust zum Lesenlernen habe:

> ya ich hab lust vnd stell mein hoffnung zu Gott: wils Gott haben, das ich die schrifft lern soll, so beschichts gewiszlich, dan Gott ist alle ding müglich (S. 13).

Selbst Helber, der sich zwar auch auf Gott bezieht, aber nicht denselben Eifer an den Tag legt, fügt seinem **Syllabierbüchlein** eine Übung bei, die das "Geistliche ABC" genannt wird und dazu dient, die christliche Lehre an den Leser weiterzugeben.

In der praktischen Ausführung ihres Berufes werden sich die Lesemeister der Diskrepanz zwischen Schrift und gesprochener Sprache bewußt, die ein Hindernis im Lesen- und Schreibenlernen ist, ganz besonders für Ickelsamers Methode des Lautierens. Die Schwierigkeiten, die daraus erwachsen, veranlassen sie, ihre grammatischen Schriften zu veröffentlichen, in denen sie ihre Empfehlungen für die Orthographie äußern und diese mit Hilfe von Beschreibungen der Aussprache der verschiedenen Buchstaben begründen. In ihrer Funktion als Schreibmeister befassen sie sich mit den regionalen Schriftdialekten, als Lesemeister müssen sie auch die überregionalen Aspekte in Betracht ziehen. Sie beabsichtigen weder eine wissenschaftlich theoretische Erklärung der Laute, noch Einführung einer Aussprachenorm. Die Laute werden von ihnen artikulatorisch und durch Vergleiche mit Naturlauten akustisch beschrieben. Hierin unterscheiden sie sich von Laurentius Albertus (1573), Albertus Oelingerus (1573), Johannes Clajus (1578) und auch Fabian Frangk (1531), den ersten deutschen Grammatikern, die hochdeutsche, am Latein geschulte Grammatik lehrten und in ihren zum Teil lateinisch geschriebenen Werken wenig über Lautung aussagen.

Wir finden keine Bemühungen bei Ickelsamer, Kolroß, Fabritius oder Helber um eine ideale Aussprache, wie bei den Grammatikern der folgenden Jahrhunderte. In ihren Beschreibungen gehen sie davon aus, wie die Laute gesprochen werden, nicht wie sie gesprochen werden sollten. Sie fällen kein Werturteil über regionale Unterschiede, sofern es nicht grobe dialektische Abweichungen betrifft. Selbst eine Reform der sehr verwirrenden orthographischen Praxis, die von Kanzlei zu Kanzlei und von einen Druckort zum anderen wechselt, ist nicht ihr unmittelbares Ziel. Wichtig ist für sie vor allem der Lese- und Schreibunterricht, und obwohl Ickelsamer von seiner Grammatik behauptet, daß "Darauß einer von jm selbs mag lesen lernen" (s. Titel S. 120), so ist sie doch einem Analphabeten nicht nützlich. Es besteht kein Zweifel, daß sich die Lesemeister in ihren Werken an andere Schulmeister wenden, um mit ihnen ihre Einsichten und Methoden des Unterrichts zu teilen. Ickelsamers erstes Anliegen ist die Verbreitung seiner Theorie, die er der herkömmlichen Buchstabiermethode gegenüber für überlegen hält.

Aus den Erläuterungen der Lesemeister geht hervor, daß sie sich keiner "gemeinen deutschen Sprache" bewußt sind, obwohl sich Fabian Frangk in seiner **Orthographia** (1531) darauf bezieht und als erster Theoretiker behauptet, daß eine einheitliche hochdeutsche Sprache existiert. Er ist sich bewußt, daß die Sprache "bey den hochdeutschen nicht einhelig ist" (Müller 1882, S. 94), aber er scheint die dialektische Variation der Schriftsprachen als "misbreuch" zu sehen, die zu vermeiden sind. Er stellt als Muster für gutes Deutsch die Kaiserliche Kanzlei Maximilians, die Schriften Dr. Luthers und die Drucke von Johan Schonsberger von Augsburg heraus (in Müller, S. 94). Ickelsamer, Kolroß, Fabritius und Helber gehen von ihren Schriftdialekten aus, die sie für vorbildlich halten, aber stellen es jedem frei, seiner eigenen Schrifttradition zu folgen.

1.1 Valentin Ickelsamer (1500?-1540?)

Jellinek beschreibt Valentin Ickelsamer als die interessanteste Persönlichkeit unter den Schulmeistern des 16. Jahrhunderts (1913, S. 47). Er wurde um 1500, wahrscheinlich in der Reichsstadt Rothenburg ob der Tauber im ostfränkischen Dialektgebiet geboren. Die verfügbaren Quellen geben weder das Geburtsjahr noch den -ort mit Sicherheit an (s. Müller 1882, S. 396ff.). Von den Eltern wissen wir nichts, aber da er 1518 die Universität Erfurt bezog und unter den "solventes integrum" (Müller 1882, S. 396) eingetragen wurde, ist auf gute finanzielle Verhältnisse des Elternhauses zu schließen. Die Universität Erfurt war zu der Zeit ein Zentrum der Wissenschaft und des Humanismus, und es ist anzunehmen, daß Ickelsamer von der geistigen Strömung beeinflußt worden ist, auch wenn er in seinen Werken keinen seiner Lehrer aus dieser Zeit erwähnt. 1520 erlangte er den Grad des Baccalaureus in der Artistenfakultät und ging kurz darauf, seinem theologischen Interesse folgend und angezogen von Luther und der Tätigkeit Melanchthons, nach Wittenberg, wo er 1521 als Student lebte. Seine Flugschrift gegen Luther, **Clag etlicher brüder** (1525), gibt einige Information über diese Zeit. Ende 1524 kehrte er als Prediger nach Rothenburg zurück und bezog bald darauf die Stellung eines "tewtschen schůlmaisters" (Müller S. 398).

Ickelsamer macht den Eindruck eines ernsten, strengen Christen (Müller, S. 398), der als Anhänger von Andreas Bodenstein von Carlstadt an der Bewegung des Bauernkrieges teilnahm und infolgedessen 1525 aus Rothenburg fliehen mußte. Es ist in diesem Zusammenhang, daß er seine Flugschrift gegen Luther veröffentlichte, der die religiöse und soziale Bewegung nicht unterstützte. Er lebte danach als Lehrer einer deutschen Schule (im Gegensatz zu lateinischen Schulen) in Erfurt. In diese Zeit fällt die Veröffentlichung seines ersten grammatischen

Werkes, **Die rechte weis auffs kürtzist lesen zu lernen** (1527) und zwei Jahre später einer Schrift religiösen Inhalts, "Vom wanndel vnd Leben der Christen in gŏtlicher forchte vnd guten wercken, welchs leider noch so wenig beweysen" (1529). Seine religiöse Betätigung scheint bei den strengen Lutheranern Anstoß erregt zu haben, und Ickelsamer sah sich abermals verpflichtet, die Stadt zu verlassen. 1530 ließ er sich in Augsburg nieder, wo er Privatunterricht gab und sich seinen Studien widmete, bis er etwa 1540 starb.

Ickelsamers **Die rechte weis auffs kürtzist lesen zu lernen** wurde von Johannes Loersfeldt zuerst 1527 in Erfurt gedruckt und dann ein zweites Mal 1534 in Marburg aufgelegt. Es wird angenommen, daß Ickelsamer sein zweites grammatisches Werk in Augsburg schrieb: **Eiñ Teütsche Grammatica// Darauß einer vŏ jm selbst mag// lesen lernen/** ... (1534?), das undatiert und ohne Angabe des Druckortes überliefert ist. Eine zweite, etwas erweiterte und ebenfalls undatierte Ausgabe erschien in Augsburg 1537?, eine dritte in Nürnberg, gedruckt von Johan Petrejus 1537[2]. Beide Werke, die als Hauptquellen für die vorliegende Analyse benutzt wurden, sind nach der zweiten Ausgabe bei Johannes Müller (1882, S. 52-64 und 120-159) abgedruckt. Heinrich Fechner veröffentlichte 1882 **Vier seltene Schriften des 16. Jahrhunderts**, unter denen sich auch die Marburger Ausgabe der **Rechten weis** und die erste, undatierte **Grammatica** befinden. Karl Pohl gab 1971 die Erfurter Ausgabe der **Rechten weis** und eine Parallelausgabe der ersten **Grammatica** heraus, die in Augsburg erschienen sein muß (**Ain Teütsche Grammatica**).

Die **Grammatica** führt in Einzelheiten aus, was **Die rechte weis** andeutet.

Ickelsamer ist sich bewußt, daß sein Werk keine vollständige Grammatik ist, aber es enthält immerhin "die besten vnd fürnemsten stuck der Grammatik ... / Nämlich den verstand der Bůchstaben/ des lesens vnd der Teütschen wǒrter/" (S. 120). Er kritisiert die Übersetzung des Donats als Grammatik der deutschen Sprache, denn das Deklinieren und Konjugieren "lernen die kinder besser von der můter/ dann auß der Grammatic/" (S. 120). Er erwartet von einer Grammatik, daß sie eine Belehrung über die "acht tayl der rede ... mit jren accidentijs ... sampt ainer gůten teütschen Syntaxi" enthält. Wichtig ist für ihn die Etymologie, und er beschuldigt die Deutschen der Unkenntnis ihrer eigenen Sprache in bezug auf die Herkunft der Wörter. Ickelsamer gibt neben seinen Lautbeschreibungen und Leseübungen Anweisungen zur Silbentrennung (s. 2.4.1) und zur Interpunktion (s. 2.1.1). Er äußert sich kritisch über die Orthogrphie seiner Zeit, hält jedoch eine Verbesserung der Schreibung für aussichtslos.

Ickelsamers Lautiermethode ist von besonderer Bedeutung in der Entwicklung des Leseunterrichts. Obwohl er zugibt, daß sie unter Schulmeistern nichts Neues ist (1534[2] S. 53), ist er der erste, der sie in den Schulunterricht als Grundlage des Lesenlernens einführt. Das bringt ihn darauf, die Laute für seine Schüler phonetisch zu beschreiben, denn er ist sich bewußt, daß bei der Nennung der Konsonanten, z.B. "be ce de", die Assoziation mit dem gesprochenen Laut verloren geht. Er zeigt seinen Schülern "mit welchem organo oder gerüst [die Buchstaben] im mund gemacht werden" (S. 56, S. 125), was besonders für die Verschlußlaute gilt, die ohne Zusatz eines Vokals nicht ausgesprochen werden können. Bei den Reibelauten stellt er außerdem einen Vergleich mit bekannten Naturlauten an, um ihren akustischen Wert klar zu machen.

Ickelsamers Methode beruht auf dem Erkennen der einzelnen Lautsegmente eines Wortes, die er erst später mit dem Buchstabenbild und -namen in Beziehung bringt. Für ihn ist Lesen nichts Anderes "denn die buchstaben nennen" (S. 55). Er behauptet, daß er mit seiner Methode einem Schüler in kurzer Zeit das Lesen beibringen kann (S. 53, S. 124). Die übliche Praxis in den Schulen seiner Zeit ist die Buchstabiermethode, die nicht von den Lauten, sondern von den Buchstaben ausgeht. In seinen phonetischen Beschreibungen ist er zum Teile von den Beobachtungen römischer und humanistischer Theoretiker beeinflußt worden (Müller 1882, S. 406). Die Schwierigkeiten, die aus seiner Methode erwachsen, beruhen auf der Diskrepanz zwischen Schrift und Sprache, denn es besteht keine einmalige Beziehung in den Schriftdialekten zwischen dem Lautzeichen und dem Laut. Dies veranlaßt Ickelsamer zu seiner scharfen Kritik an der Orthographie.

Ickelsamer ist der älteste deutsche Grammatiker, was bereits von seinen Zeitgenossen erkannt wurde. Ortholph Fuchßperger schreibt in der Vorrede zu seiner deutschen **Dialectica** (1533): "Wer hat vor Valentin Ickelsamer/ ye ain teutsche Grammatica gelernet? kainer" (Müller 1882, S. 131, Anm. 76). Er beeinflußte neben Fuchßperger auch Peter Jordan, der sich auf Ickelsamer in seiner **Leyenschůl** (1533, S. 111) bezieht. Ickelsamers Lautbeschreibungen in der **Rechten weis** können auch Hans Fabritius, der ebenfalls in Erfurt lehrte, bekannt gewesen sein. Sein Verhältnis zu Jacob Grůßbeůtels **Stymenbüchlein** (1531) (in: Fechner, 1882) steht nicht fest (Jellinek 1913, S. 51). Von den drei lateinisch geschriebenen Grammatiken des 16. Jahrhunderts zeigt nur Albert Ölinger

(**Underricht der Hoch Teutschen Spraach** (1573), in: Meier 1895, Einl. S. XXIV) Einfluß von Ickelsamer.

1.2 Johannes Kolroß (gest. 1569?)

Über Johannes Kolroß' Leben ist nichts Näheres zu erfahren (vgl. Müller 1882, S. 414ff.). Fest steht, daß er in Basel im alemannischen Sprachraum wirkte, wo er als "tüdtsch Leermeyster" der Knabenschule zu den Barfüßern vorstand. Er war Dichter geistlicher Lieder und Schauspiele, von denen "Eyn schön spil von Fünfferley betrachtnussen den menschen zůr Bůß reytzende/" (1532) besonders erfolgreich war und auch außerhalb Basels Beifall fand. Angeregt durch seine Erfahrungen als Lehrer und durch das Eindringen moderner Bestandteile aus der gesprochenen Sprache in die überlieferte Schriftsprache Basels (Jellinek 1913, S. 54) veröffentlicht er 1530 **ENchiridion:// das ist/ Handbůchlin// tütscher Orthographi/** (in: Müller 1882, S. 64-91). Eine zweite Ausgabe erschien 1531 in Nürnberg, eine dritte 1564 in Zürich.

Das **ENchiridion** ist die erste systematische Darstellung der deutschen Orthographie. Sie ist ausdrücklich für die "hochtüdtschen", d.h. Sprecher der alemannischen Mundart geschrieben. Er teilt sein Werk in vier größere Abschnitte auf, in denen er 1. "von vnderscheydung der bůchstaben" schreibt, 2. "von dupplierung der bůchstaben, vnd von denen die zu zyten andrer bůchstaben art an sich nemmen", 3. von dryerley kürtzung der worten" und 4. von den puncten vnd versal Bůchstaben" (S. 64-65). Es ist für Schulzwecke geschrieben, aber nicht für

Anfänger bestimmt, sondern

> da mit die jhenigen so ettlicher maß schryben vnd
> lāßen ergriffen/ daruß was jnen noch manglet/ ouch
> in kurtzem erlernen mögen (S. 65).

In seinen Lautbeschreibungen kommt er zu ähnlichen Schlüssen wie Ickelsamer, besonders bei den "heimlichen buchstaben", wertet sie aber nicht praktisch aus, so daß er hauptsächlich Vergleiche anstellt, oft mit anderen bekannten Geräuschen "wie ein ku ... oder wie das groß ror in der sackpfyffen thůt/" (S. 71), die durch Beispiellisten, Homonymensätze oder Auszüge aus der Bibel als Leseübungen ergänzt werden. Seine Regeln sind wie Ickelsamers von der Etymologie beeinflußt, wenn er sich für die Schreibung der Umlaute einsetzt, obwohl sie in seinem Dialekt nicht gesprochen werden, oder wenn er gegen die Verwendung von <x> in der Lautverbindung gs bei synkopiertem e eintritt. Empfehlungen dieser Art wirken gerade gegen die Realisierung eines phonetischen Schriftsystems, das besonders von Ickelsamer erwünscht wird.

Kolroß ist der erste, der eine Theorie von der Großschreibung formuliert (s. 2.2) und Regeln für die Schreibung von <s, ß, ss> aufstellt (s. 5.2.2). Das **ENchiridion** muß einen gewissen Einfluß ausgeübt haben, da es noch 1573 von Albertus Ölinger für seine Grammatik verwendet wurde (Jellinek 1914, S. 52).

1.3 Meister Hans Fabritius (geb. um 1500?)

Über Fabritius' Leben ist nur das bekannt, was aus seinem **Nutzlich buchlein** zu erfahren ist. Fremde Quellen erwähnen ihn nicht (vgl. Meier 1895, S. VIIIff.). Im

Titel seines Werkes gibt er seinen Namen an als "Meister Hans Fabritius, Rechenmeister vnd deutscher schreyber zu Erffurth." Aus dem Schlußwort erfahren wir, daß er nach dem Brauch seiner Zeit einen Doppelnamen führte, "Johannes Fabritius alias lupfen", woraus zu schließen ist, daß er Oberdeutscher war und höchstwahrscheinlich aus der Grafschaft Lupfen, in der Umgebung von Tuttlingen, also Schwaben stammte (Meier 1895, S. IX). Das Fundament des Lesens und Schreibens lernte er in Diessenhofen von dem damaligen Stadtschreiber Heinrich Huber, den Fabritius als seinen alten Lehrer erwähnt (S. 23). Es ist anzunehmen, daß seiner Lehrzeit die sogenannten Wanderjahre folgten, die ihn nach Nord- und Süddeutschland führten, wo er schließlich selbst als Schreiber und Lehrer tätig war. Er bezieht sich auf das "wirttenberger landt" (S. 33), Kempten bei Ulm (S. 32), Münster (S. 25), Westfalen (S. 5, 17) und Sachsen (S. 25). Als begeisterter Anhänger Luthers mag es ihn in die Nähe von Wittenberg gezogen haben. Zur Zeit der Abfassung seines **Nutzlich buchlein** lebte er in Erfurt, wie aus seiner Vorrede hervorgeht, die am 6. Dezember 1531 geschrieben wurde. Sein Buch erschien im Druck 1532, "Durch Mattes Maler zum Schwarzen Horn" (S. 44). Es scheint nur in einem Exemplar überliefert zu sein, das von John Meier (1895) herausgegeben wurde.

Seinem Werk fehlt die Gliederung in Kapitel, die wir bei Kolroß und Ickelsamer finden. Er geht vom Schreiben aus, über das er detaillierte Anweisungen gibt, behandelt das Lesenlernen, um schließlich wieder auf das erste Thema zurückzukommen. In seinen phonetisch-akustischen Lautbeschreibungen steht er Ickelsamer nahe, jedoch kann vieles durch mündliche Tradition unter den

Lesemeistern beiden zugänglich gewesen sein (Jellinek 1913, S. 52). Er belegt seine Anweisungen mit Wortlisten und Homonymensätzen. Sein Anliegen ist nicht so sehr die Diskrepanz zwischen Schrift und Sprache, sondern Ordnung in die Unordnung der individuellen Schreibungen zu bringen. Er beklagt sich: "wir schreiben, wie es vns gelust, got geb, es sey wie es wõl" (S. 8). Wichtig ist für ihn die richtige Unterscheidung gleichstimmender Wörter, wie aus dem Titel hervorgeht. Er widmet einen großen Teil seiner Arbeit diesem Anliegen. Aus seinen Kommentaren erfahren wir mehr über dialektische Variation als bei Ickelsamer und Kolroß, jedoch steht er im allgemeinen den verschiedenen Mundarten tolerant gegenüber. Wie einflußreich sein Buch war, ist schwer zu beurteilen. Joh. Ch. Gottsched (1762) bezieht sich darauf in **Deutsche Sprachkunst** (S. 98), wo er es als das älteste, ihm bekannte orthographische Büchlein bezeichnet. Meier schreibt, daß Fabritius' Schrift sonst nirgends erwähnt wird (S. VI).

1.4 Sebastian Helber (1530?-1598?)

Die Schulakten des Stadtarchivs von Freiburg im Breisgau geben über das Leben und Wirken Sebastian Helbers Auskunft (vgl. Roethe 1882, S. VIff.). Es wird angenommen, daß er in den dreißiger Jahren des 16. Jahrhunderts geboren wurde, für einige Zeit in Altdorf in Schwaben gelebt hatte, ehe er noch vor 1580 nach Freiburg zog. Dort nahm er für 16 Jahre an einer städtischen Schule das Amt des "Teütschenn" Schulmeisters für Knaben ein. Im Frühjahr 1580 machte Helber, beauftragt vom städtischen Rat, in einem Gutachten Vorschläge zur Einführung einer besseren Schulordnung, die angenommen wurden. Er schlug tägliche Gebete, Religionsunterricht und Kirchenbesuch vor, die in der Lehrordnung der Stadt fehlten. Seine Vorschriften zeigen Helber als einen treuen Katholiken. Aus dem Titelblatt des **Teutschen Syllabierbüchlein** geht hervor, daß er außerdem ein "Keiserischer" Notar in Freiburg war. Im Jahre 1596 verlor Helber plötzlich seine Stellung, da er seinen Urlaub überschritten hatte, und verbrachte die Jahre bis zu seinem Tode 1598 in sehr ärmlichen Verhältnissen.

Sein **Teutsches Syllabierbüchlein, Nemlich Gedruckter Hochteütscher sprach Lesenskunst:** erschien 1593 in Freiburg, gedruckt von Abraham Gemperle. Es wurde 1882 von Gustav Roethe herausgegeben. Sein Buch ist in sieben Kapitel eingeteilt, von denen das I. die Namen und Form der Buchstaben behandelt und die Vokale von den Konsonanten unterscheidet. Das II. bespricht die Konsonanten, das III. Silbenstruktur und -trennung, das IV. die einzelnen Vokale. Kapitel V geht ausführlich auf die Diphthonge und die Druckersprachen ein, während Kapitel VI und VII Abkürzungen und Interpunktion behandeln.

Helbers Werk ist keine Orthographie oder Grammatik, sondern eine Anweisung zum Lesen hochdeutscher Bücher. Er geht in seinen Beschreibungen von den Buchstaben aus, die er nicht wie die anderen Lesemeister phonetisch oder durch Vergleich mit Naturlauten beschreibt, sondern indem er andere, im Laut verwandte Buchstaben heranzieht. Seine Beschreibungen ergänzt er durch lange Listen von Beispielen. Sein Werk zeichnet sich hauptsächlich durch seine ausführliche Besprechung der hochdeutschen Druckersprachen aus, die er aufgrund ihrer Verwendung der Diphthonge <ei, ai, au> unterscheidet (s. 3.1.3).

Obwohl das **Syllabierbüchlein** am Ende des Jahrhunderts erschien, entspricht es in seiner Ausführung eher den ersten Schriften der Schulmeister. Es konnte sich nicht mit den Arbeiten der Grammatiker der zweiten Hälfte des Jahrhunderts messen und war den Theoretikern des 17. Jahrhunderts wenig nützlich, da sie seine Toleranz gegen die landschaftlichen Schriftdialekte nicht mehr teilten, sondern eher "Mißbräuche" in ihnen sahen (Jellinek 1913, S. 56). So scheint Helbers Werk wenig Aufmerksamkeit erregt zu haben. Gottsched (1762) zitiert Helbers Einteilung der deutschen Dialekte, die er gut beurteilt, benutzt aber die Gelegenheit, um seine Genugtuung über den Fortschritt in der Entwicklung einer Gemeinsprache auszudrücken:

> Gottlob! daß dieser Zwiespalt sich allmählich gehoben hat. Sowohl die donauischen Landschaften, als selbst die oberrheinischen, befleißigen sich itzo um die Wette, der obbenannten Mitteldeutschen in der Rechtschreibung immer näher zu treten. Dieß ist jederzeit in allen großen Ländern geschehen. (S. 104-105).

1.5 Stand der Forschung

Grundlegend für jede Forschungsarbeit, die sich mit der Grammatik des Deutschen aus einer älteren Periode befaßt, ist Max H. Jellineks **Geschichte der neuhochdeutschen Grammatik von den Anfängen bis auf Adelungen** (1913/1914). Sein Werk ist bei weitem die beste Quelle für eine Behandlung der Grammatiker des 16. Jahrhunderts. Der erste Band enthält eine chronologische Beschreibung der Grammatiker und dem Einfluß ihres Wirkens auf ihre Zeit, der zweite behandelt die traditionellen Glieder der Grammatik, wobei er von den Beobachtungen der Grammatiker über dreihundert Jahre hinweg ausgeht. Die Kapitel über die Lautlehre (10) und die Orthographie (11) sind von besonderem Interesse für diese Studie, da Jellinek die Methoden und Erkenntnisse der einzelnen Lese-und Schreibmeister, ihren Einfluß und ihr Verhältnis zueinander bespricht.

Die Laute in der Sprache des 16. Jahrhunderts werden natürlich in grammatischen Werken behandelt. Das gilt für Handbüchern wie H. Pauls **Deutsche Grammatik** (1916-20) und W. Wilmanns' **Deutsche Grammatik** (1899). J. Kehrein behandelte die Phonologie in seiner **Grammatik der deutschen Sprache des fünfzehnten bis siebzehnten Jahrhunderts** (1834-56) und K. von Bahder befaßte sich mit Fragen der Lautung in **Grundlagen des neuhochdeutschen Lautssystems** (1890). V. Moser (1909) veröffentlichte eine **Historisch-Grammatische Einführung in die Frühneuhochdeutschen Schriftdialekte** und eine Lautlehre im ersten Band seiner **Frühneuhochdeutschen Grammatik** (1929), die von H. Stopp und H. Moser (1970) fortgesetzt wurde. H. Penzls **Frühneuhochdeutsch** (1984), eine Sprachgeschichte, die auf ausgewählten Texten frühnhd. Dialekte beruht, enthält eine systematische Darstellung der Hauptzüge der Sprache aus der Zeit zwischen 1400 bis 1750. Die Aussagen der Lesemeister werden mit herangezogen und ausgewertet.

R.E. Keller gibt eine gute Beschreibung der Sprache des 16. Jahrhunderts in **The German Language** (1978) und H. Penzl eine geschichtliche Darstellung der Phonologie in **Geschichtliche deutsche Lautlehre** (1969) und **Vom**

Urgermanischen zum Neuhochdeutschen (1975). Sonst konzentrieren sich Arbeiten, die sich mit der Sprache des 16. Jahrhunderts befassen, meistens auf einen Autor, zum Beispiel Luther, Fischart, Brant oder Sachs. Die Drucker- und Kanzleisprachen stehen ebenfalls oft im Mittelpunkt einer Untersuchung. Moderne Studien, die nur die Aussprache behandeln, gibt es kaum. Eine Ausnahme bildet H. Penzls Artikel "Valentin Ickelsamer und die Aussprache des 16. Jahrhunderts" (1983). Penzl vergleicht die Orthographie in den Werken des Lesemeisters und zieht die relevanten Lautbeschreibungen heran, um das Phonemsystem seiner Sprache festzustellen. Er kommt zu dem Schluß, daß Ickelsamers phonetische Beschreibungen nur teilweise auf wirklicher Beobachtung der Aussprache beruhen. Die Schreibungen in seinen Schriften spiegeln die Verhältnisse der frühnhd. Schriftdialekte wider und die Mannigfaltigkeit der Aussprache des Deutschen, die in mancher Beziehung bis zum Anfang des 20. Jahrhunderts andauerte.

Über die Lesemeister selbst ist sehr wenig Literatur zu finden. In den geschichtlichen Werken über die deutsche Sprache werden sie meistens nur kurz erwähnt, auch wenn diese, wie A. Bachs **Geschichte der deutschen Sprache** (1965[8]) yyy einzelnen Jahrhunderte des Frühneuhochdeutschen behandeln. Ickelsamer, der das größte Interesse unter ihnen erregt hat, wurde zum Thema von zwei Dissertationen: Theodor Moritz Vogel, **Leben und Verdienst Valentin Ickelsamers** (1844), und Heinrich Noll, **Der Typus des religiösen Grammatikers im 16. Jahrhundert. Dargestellt an Valentin Ickelsamer** (1935). F. Steininser schrieb einen Artikel über "Die erste Grammatik des Valentin Ickelsamer" (1970).

Ickelsamers Lautiermethode, die die erste methodische Anleitung zum deutschen Elementarunterricht ist, wird in **Quellenschriften und Geschichte des deutschsprachlichen Unterrichtes bis zur Mitte des 16. Jahrhunderts** von Johannes Müller behandelt.

2. DIE ORTHOGRAPHIE ALS QUELLE FÜR LAUTUNG

"Orthographia," so schreibt Ickelsamer in seinem Abschnitt "Vō der Orthographia ein kleyne vnderweisung" (**Eiñ Teütsche Grammatica, 1534?**), "ist ein Ghriechisch wort/ heißt recht bůchstābisch schreibē/". Er fährt pessimistisch fort:

> da sich die teütschen schwārlich reformieren werdē lassen/ dañ das vnrecht schreibē der wōrter vñ bůchstabē/ ist in diser sprach so gemein/ das der gemein brauch nū můß kunst sein/ ... Man solt sich aber souil ym̄er müglich / d' Orthographia befleissen/ dañ auß keinr ādern vrsach/ ist die teütsche sprach so gātz vnkendtlich/ vñ jr selbs vngleich worden/ als durch dz falsch schreibē/ (Ick. 1534?, Bl. C6b).

Ickelsamer beschreibt in seiner Kritik ein charakteristisches Merkmal der orthographischen Verhältnisse seiner Zeit. Es existieren nicht nur mehrere anerkannte Typen der Schreib- und Druckersprachen nebeneinander, von denen Sebastian Helber (1593, S. 24) noch am Ende des 16. Jahrhunderts schreibt, die einzelnen Offizinen des Buchdrucks am selben Ort weichen oft im Gebrauch von einander ab (Penzl 1984, S. 18). Sie stimmen häufig auch nicht mit der Praxis der Kanzleien überein, die bei der Verschiedenheit der herrschenden Mundarten unter schwierigen sprachlichen Verhältnissen litten (Müller 1882, S. 375). Obwohl die Kanzleien Musterschreiben (Kanzlei- und Titelbücher) herausgaben, die seit dem 15. Jahrhundert durch schriftliche Anleitungen ergänzt wurden (Moser 1909, S. 42), fehlten im 16. Jahrhundert allgemeingültige Richtlinien zur Rechtschreibung. Die ersten Ansätze zu einer Theorie fallen in die Zeit Ickelsamers, und er nimmt selbst an der Diskussion über das "recht bůchstābisch schreibē" (Ick. 1534? Bl. C6b) teil. Dabei ergibt es sich, daß was er als falsch erklärt, von anderen Lesemeistern geradezu empfohlen wird.[1] Abgesehen von den dialektischen Unterschieden entscheidet jeder für sich, was als "richtig" gilt, ohne dabei in der Schreibung konsequent die eigenen Regeln zu befolgen. In der Praxis führt dies zu einer Vielfalt von orthographischen Variationen, die Moser als "Verwahrlosung der frühneuhochdeutschen Orthographie" (Moser 1929, S. 4) und Ickelsamer verurteilend als "Cacographien" bezeichnet, "da man die wŏrter mit zů wenig oder zůvil/ oder auch vnrechten bůchstaben schreibt/" (Ick. 1537, S. 142). Dies macht eine Untersuchung der Schriften schwierig. Sie sind jedoch für die Bestimmung der Lautwerte in der Sprache des 16. Jahrhunderts unentbehrlich.

Um Einsicht in die Phonologie des Frühneuhochdeutschen im 16. Jahrhundert zu gewinnen, können wir uns nur an die überlieferten Texte wenden, da das Sprachmaterial einer vergangenen Periode sonst einer unmittelbaren Beobachtung nicht zugänglich ist. Die wichtigste und oft einzige Quelle in der historischen Sprachwissenschaft sind die Schreibungen. Eine gründliche Untersuchung der graphischen Systeme ermöglicht uns zur Lautung vorzudringen und phonologische Folgerungen zu ziehen, wobei die Beziehung Phonem:Graphem von grundlegender Bedeutung ist.

Das Interesse gilt den Phonemen und deren Erkenntnis, vor allem durch die Schreibungen. Nach der strukturalistischen Definition sind Phoneme distinktive, gegenseitig opponierende, konstitutive Lauteinheiten des Phonemsystems einer

Sprache, deren phonetisch ähnliche Varianten (Allophone) in komplimentärer Verteilung oder freier Variation vorkommen (Penzl 1969, S. 18). Theoretisch wichtig ist außerdem die Annahme einer beiderseitigen Einmaligkeit des Bezuges von Allophon und Phonem, die man auf englisch "biuniqueness" genannt hat. Darunter ist zu verstehen, daß, abgesehen von freier Variation, einer Folge von Allophonen immer eine einmalige Folge von Phonemen und einer Folge von Phonemen eine einmalige Folge von Allophonen entsprechen (Penzl 1972, S. 44).

Synchronisch kann man versuchen, aus den Schreibungen die Lautwerte und das Phonemsystem zu erfassen, diachronisch aus dem Vergleich mit älteren oder jüngeren Sprachperioden phonetische und phonemische Änderungen festzustellen. Daher ist es wichtig, auch die Allophone zu erkennen, nicht nur als Realisierung der Phoneme, sondern als Sprachlaut an sich mit ihren phonetischen Eigenschaften. Da Schreiber sich der Allophone ihrer Phoneme meistens nicht bewußt sind, werden sie nur in Ausnahmefällen geschrieben (Penzl 1972, S. 46) und sind erst durch späteren Lautwandel als dessen rekonstruierbare Vorstufe zu erkennen (Penzl 1969, S. 21).

Zur Phonologie gehören neben den segmentalen, suprasegmentale Phoneme, die man auch als prosodische Züge bezeichnet. Zu ihnen zählen Grenzsignale (Junktur), d.h. Phänomene von Bindung und Trennung, Wort-und Satzakzent und die verschiedenen Intonationen. Es sind linguistisch relevante Züge, die in jeder Äußerung auftreten. Ihr Vorkommen hängt zumeist nicht vom Einzelmorphem ab, sondern von Silben und von der Syntax, aber ihre Abgrenzung ist nicht eindeutig. Sie stehen untereinander im engen Zusammenhang: die relevanten

Intonationsmuster mit steigendem, fallendem und gleichbleibendem Ton (Moulton 1962) sind mit dem Akzent und dem Phrasenabschluß, also der Junktur, verbunden.

Die Terminologie der jüngsten Forschung für die Schriftzeichen weist auf ihre Beziehung zur Phonemwiedergabe und zum Phonemsystem. "Graphetik" neben "Graphemik" (Graphematik), "Graph" neben "Graphem" zeigt die Parallele zu Phonetik und Phonemik (Phonologie), Phon und Phonem. Die Verbindung Graphem:Phonem ist außerdem nützlich, weil sie betont, daß auch Grapheme bei jedem Schriftdialekt ein System mit Einheiten und Varianten dartellen (Penzl 1984, S. 35). Das Verhältnis von "biuniqueness", das zwischen Phonemen und ihren Varianten besteht, wird in der historischen Linguistik auch für die Beziehung der alphabetischen Grapheme zu den Phonemen angenommen. Der Begriff der Bezugseinmaligkeit ist zur Arbeitshypothese der älteren Perioden geworden (Penzl 1972, S. 44). In einer rein phonemischen Buchstabenschrift drücken in einem Text gleiche Zeichen die gleichen Phoneme und verschiedene Zeichen auch verschiedene Phoneme aus. Dies wäre der Idealfall eines Schreibungssystems, das jedoch nicht den realen Verhältnissen der Mehrzahl der Orthographiesysteme entspricht.

Nach der Auffassung der Lesemeister des 16. Jahrhunderts besteht kaum ein Unterschied zwischen Laut und Buchstabe, jedoch trifft die Entsprechung "ein Phonem: ein Graphem" auch nicht in jedem Fall in der Orthographie des Frühnhd. zu. Die Inkongruenz zwischen Schrift und Sprache veranlaßt sie "Vom überfluß/ mangel/ vnnd verwandlung vnsers A be cees" (Ick. 1537, S. 137) und "von bůchstaben die zů zydten andrer bůchstaben natur vnd art annemen" (Kol. 1530, S. 75) zu schreiben. So beklagt sich Ickelsamer, daß einem Laut, zum Beispiel /ʃ/, eine ganze Graphemfolge <sch> entspricht, während derselbe Laut in der Verbindung <sp, st, sc, sq> mit einem einzigen Graphem <s> geschrieben wird, das jedoch normalerweise für einen anderen Laut, einem scharfen /s/ steht (Ick. 1537, S. 139). Ähnlich schreibt man für den velaren Nasal /ŋ/ <ng>, obwohl "man weder das /n/ noch das /g/ volkomlich" hört, "sonder man hŏrt auß jrer zůsamen schmeltzung vil ain ander gethŏn vnd stimm/ ..." (Ick. 1537, S. 139). Daneben gibt es zu einem Phonem mehrere Grapheme: für /f/ schreibt man auch <ph> oder <v> (S. 140), das stellungsbedingt auch für den Vokal /u/ stehen kann. Kolroß bespricht unter anderem, "das der bůchstab z in mancherley gstallt gebrucht würt/ Affrikata /ts/ im Anlaut, die jedoch im In- und Auslaut als <tz> oder <cz> geschrieben wird. Auch Helber (1593) bespricht die verschiedenen Lautwerte desselben Buchstabens (S. 5-12) und Fabritius (1532), dessen Hauptanliegen die richtige Unterscheidung "gleich stymender worter Aber vngleichs verstandes" (S. 31-37) ist, erwähnt die wichtigsten Punkte in der Orthographie, die für den Schreib- und Leseunterricht ein Problem sind. Aus all dem geht hervor, daß die Schriftsprache des 16. Jahrhunderts nur eine "grobe" phonetische, vor allem phonemische Umschrift ist, auch wenn die Lesemeister fordern, daß man schreibe wie man spricht.[2]

Ausgangspunkt der Analyse ist die Graphematik der Texte. Sie umfaßt alle orthographischen Eigenheiten eines Textes: Interpunktion, Großschreibung, Abkürzungen, Worttrennung, Vokal- und Konsonantenzeichen. Ich verstehe unter einem Graphem alle Varianten desselben Buchstabens mit gleichem Lautwert, ob Anlauts-, Inlauts- oder Auslautsform, Majuskel oder Minuskel, Fraktur- oder Antiquaform. In diesem Kapitel bespreche ich die Interpunktion, Großschreibung, Abkürzungen und Worttrennung. Die Zeichenanalyse ist das Thema des dritten Kapitels.

2.1 Interpunktion

Die Satzinterpunktion war ursprünglich eine Bezeichnung der Sprechpausen, nicht der syntaktischen Gliederung (Moser 1929, S. 5). Obwohl in mhd. Handschriften der Punkt als Satzzeichen zu finden ist, fehlen in der Mehrzahl der deutschen Drucke des Frühnhd., zum Teil noch bis zu Anfang des 16. Jahrhunderts, Satzzeichen ganz oder werden nur spärlich verwendet. Im zweiten Viertel des 16. Jahrhunderts, angeregt durch die Bibelübersetzungen, nimmt der Zeichengebrauch in stärkerem Maße zu und die syntaktische Zeichenanwendung beginnt sich langsam durchzusetzen (Moser 1929, S. 5).

Die erste, in deutscher Sprache abgefaßte Anleitung zur Verwendung von Satzzeichen finden wir 1462 bei Niklas von Wyle in Vorreden zu seinen **Translatzen**. Sie bietet ein einfaches System von drei Satz- und Pausezeichen: Virgel (/), Doppelpunkt (:), Punkt (.), zu denen noch das Frage- und Parenthesenzeichen treten (In: Müller 1882, S. 14). Ganz originell ist das System nicht. Es verrät die klassische Bildung des fürstlichen Kanzlers wie auch den Einfluß des in den Kanzleien seit dem 13. Jahrhundert ausgebildeten Systems

(Müller 1882, S. 288), das im Wesentlichen eine Entlehnung aus dem Lateinischen ist (Müller 1882, S. 297).

Heinrich Steinhöwel, Stadtarzt zu Ulm und Übersetzer von lateinischen und italienischen Literaturprodukten, schrieb im Schlußkapitel seiner Übersetzung von Boccaccios **De claris mulieribus** eine Unterweisung über den Gebrauch der Interpunktionszeichen (In: Müller 1882, S. 7-8). Da sie 1473, fünf Jahre vor Niklas von Wyles **Translatzen** im Druck erschien, ist sie die älteste gedruckte derartige Anleitung (Müller 1882, S. 278). Er unterscheidet Virgel (/) von Komma (/.) neben Punkt, Frage- und Parenthesenzeichen und bespricht Trennungszeichen (=). Steinhöwel stellt neben die von ihm eingehaltene Praxis (/./.) die "etlicher" anderer und zeigt damit deutlich, wie wenig geregelt der Gebrauch der frühnhd. Satzzeichen war.

Im Laufe der Zeit entwickelte sich das System der Satz- und Pausezeichen von Niklas von Wyles Dreizahl (Trias) zur Vier- und Fünfzahl (Pentas). Jedoch in der Praxis der Drucker des 16. Jahrhunderts überwog das Verlangen nach möglichster Einfachheit und sie begnügten sich gewöhnlich nur mit der Virgel (oder Doppelpunkt) und dem einfachen Punkt. Andere benutzten auch Frage-, Trennungs- und Parenthesezeichen (Müller 1882, S. 296). Das rundliche Komma wird oft in lateinischen Texten verwendet, erscheint in deutschen Drucken aber erst ab Mitte des 16. Jahrhunderts, vor allem nach Wörtern im Antiquadruck (Penzl 1984, S. 36). Erst im Jahre 1690 wurde von dem Berliner Rektor Joh. Boediker in seinen **Grundsätzen der deutschen Sprache** der heutige schulschriftliche Usus theoretisch festgelegt (Moser 1909, S. 112). Eine gute

Übersicht über die Geschichte der Interpunktion ist in den "Literarischen Notizen" in Müllers **Quellenschriften** (1882) (S. 279ff) zu finden.

Bei der Analyse der Texte ergaben sich Schwierigkeiten, da die Herausgeber bei Neudrucken von Texten früherer Perioden häufig die moderne Interpunktion einführen, wodurch ein Überblick über den Gebrauch der Originale erschwert wird. Die Ausgabe von Heinrich Fechners **Vier seltene Schriften** (1882) erwies sich als besonders wertvoll, da es eine Faksimilewiedergabe der Ickelsamer Schriften ist. Sie ermöglicht einen Vergleich mit den Texten in Müllers **Quellenschriften**, wo die Interpunktion der ursprünglichen Drucke beibehalten wurde. Dagegen haben die Ausgaben von Meister Hans Fabritius' **Eyn Nutzlich buchlein etlicher gleich stymender worther** und Sebastian Helbers **Syllabierbüchlein** moderne Satzzeichen.

2.1.1 Ickelsamer

Im letzten Kapitel seiner **Teutschen Grammatica** (1537) behandelt Ickelsamer die "Ordnung vnnd taylung der rede vnnd jres synnes durch die punctzaichen" (S. 157-59), die zur syntaktischen Gliederung nach Wortgruppen, Haupt- und Nebensätzen und dem Satztypus (Aussagesatz, Fragesatz) dienen. Dabei geht er didaktisch vor, indem er an Hand eines Beispielsatzes, den er in seine Glieder zerlegt, die Verwendung von "punct" (.), "virgula" (/), "zwen punct" (:), "Parenthesis" (), und "frag zeichen" (?) erklärt. Damit man einen längeren Satz mit abhängingen Nebensätzen ordenlich/ setzen/ reden/ oder lesen vnd verstehn kőn/ soll ain yedes tail ... mit ainem punct oder gemerck verzaichnet werden/ dann sonst wer ain solche lange rede gantz wůst/ verworren vnd vnuerstentlich/ (S. 158).

Punkt und Virgel, welche "vhast auch on vnterschaid/ sonderlich im teütschen/ gebraucht werden/" (S. 158), sind die Satzzeichen, welche hauptsächlich im Text vorkommen, wobei die Virgel die Funktion eines Punktes am Satzende, sowie die des Kommas im heutigen Usus erfüllt. Sie trennt Nebensätze, Wortgruppen, Glieder von Aufzählungen und von Ickelsamer im Text zitierte Laute, zum Beispiel "Das /c/ wens vorm /e/ oder /i/ steht ... Das /l/ ist ain zungen bůchstab/ immer am Ende eines Abschnitts gebraucht. Der Doppelpunkt entspricht nach Ickelsamer ebenfalls in seiner Verwendung der Virgel, doch kommt er auch nach Abkürzungen an Stelle eines Punktes vor.[3] Die zu Zeiten Niklas von Wyle und Steinhöwels angenommene genaue Unterscheidung der Zeichen scheint ihre Geltung verloren zu haben oder blieb wenigstens unbeachtet. Ickelsamer schreibt:

> Es leyt auch so vhast nit daran wie die zaichen sein/ wenn allain die reden vnd jre tail recht damit getailt vnd vnterschaiden werden/ dann es gibt gar ain grosse hilff die rede deste gewiser/ verstentlicher vnd mechtiger zů lesen vnd zůhőren/ vnd sein auch solche zaichen dem leser als růwstett/ dabey er ainmal still stehn/ gerůwen vnd etwas bedencken mag/ (S. 158).

Parenthesis und Fragezeichen entsprechen dem heutigen Gebrauch, wobei letzteres in seiner Form ausdrückt, "/wie sich die stymm in ainer frag am ende erhebt vnd über sich schwingt/" (S. 159). Sie kommen in beiden Schriften vor.[4]

2.1.2 Kolroß

Kolroß gibt im ersten Kapitel des vierten Teils seines "Handbüchlins" (1530) eine Interpunktionslehre (S. 84-86). Unter "punct" versteht er eine Allgemeinbezeichnung für die Satzzeichen: "Vnnd sind der puncten vier/ im latein/ also genannt/ Comma/ Colon/ ... Perhiodus/ vnd Interrogatimus." (S. 84). Auch er unterscheidet nicht im Gebrauch zwischen Virgel und Doppelpunkt, betont aber, daß der dritte Punkt, auch "terminum" genannt, ein "endtlicher oder beschließlicher punct" sei, "by welchem verstanden würt/ das die reed vnd der sententz uß ist vnd beschlossen/ vnnd hernach ein anderer anhept." (S. 84). Diese Regel wird im Text jedoch nicht durchweg befolgt. Die Virgel ersetzt den Punkt häufig am Ende eines abgeschlossenen Satzes. Es ist jedoch schwierig zu entscheiden, ob Kolroß selbst oder der Drucker für die Inkonsequenz verantwortlich ist.

Kolroß wählt einen Auszug aus der Epistel von Paul an die Römer, an dem er seine Regel illustriert und gleichzeitig seinen Leser mit der Bibel vertraut macht. Wichtig ist außerdem sein Hinweis, daß das erste Wort nach einem "terminum" mit einem Versalbuchstaben geschrieben werden soll, um klar anzudeuten, daß ein neuer Satz beginnt (S. 85). Bei Ickelsamer fehlt ein solcher Hinweis.

Der Interrogatinus oder "frag punct" bedeutet, "das die reed vor im ein fråg ist/ oder in frågswyß steeth/" und die Parenthesis

> ist zu tüdtsch ein zwüschen setzung ettlicher wort/ in mitten vnd zwüschen der gantzen reed/ ee vnd sy vollendet ist/ welche wort/ ob sy wol nit gelåßen/ dennocht der sententz gantz blybt/ ... (S. 85).

Kolroß weist wie Ickelsamer darauf hin, daß die Satzzeichen im Lesen Pausenzeichen sind, die zum besseren Verständnis des Inhalts beim Zuhören beitragen. Die Interpunktionszeichen des **ENchiridons** sind von Müller aus dem Originaldruck übernommen worden.

2.1.3 Fabritius

Fabritius (1532) sagt über die Zeichensetzung nichts aus, obwohl sein Anliegen ebenfalls das orthographische Schreiben ist. Er gibt Anleitungen zum Federschneiden, Unterricht im Malen der Buchstaben und Anweisungen über die Größe der Spatien zwischen den einzelnen Wörtern. Auch das korrekte Verfassen von Briefen gehört zu seinen Themen, wobei er sich auf die Wiedergabe von Zahlen und Abkürzungen in Geschäftsbriefen beschränkt und auf den Brauch der Kaufleute in den Niederlanden verweist, die das Datum an den Anfang des Briefes nach dem Monat setzen "Als ... decembris 19" (S. 40).

Aus dem Titelblatt (S. 183), welches eine Kopie des Originals ist, ist zu erkennen, daß im Druck Virgel und Trennungszeichen, wenn auch nicht konsequent (bei <schrey ber> fehlen sie am Zeilenende) verwendet wurden. Ein Punkt am Ende des Titels fehlt im Gegensatz zum **ENchiridion** und den Ickelsamer Schriften. Meier ersetzt im Text die Virgel durch Kommas, benutzt den Punkt regelmäßig am Ende eines Aussagesatzes und führt Semikolon, und Ausrufezeichen ein. Er verwendet außerdem Anführungsstriche und Doppelpunkt als Zeichen der direkten Rede, die in den anderen Schriften sonst nicht nachweisbar sind. Eine Interpretation des ursprünglichen Gebrauchs der Satzzeichen ist dadurch erschwert. In dem "Christlich gesprech zweyer kinder," das Ickelsamer der **Rechten weis** (1534[2], S. 63) beifügt, ist die direkte Rede nicht markiert. Die Namen der Sprechenden werden durch Virgel bzw. Punkt von Frage und Antwort getrennt.

2.1.4 Helber

Im siebenten Kapitel seines Werkes **Teutsches Syllabierbüchlein** (S. 36-37) spricht Sebastian Helber

> Von vermög derer Zeichen, die mit dem müd nit werden
> für gebracht, doch dem lesenden dienen zu fertiger
> vnterscheidung der Rede (S. 3).

Die Virgel oder "Strichlein" ist ein Zeichen für "ein abteilung der minderen teilen einer Rede" (S. 37). In der Ausgabe von Roethe (1882) ist sie vom Komma ersetzt. Der Doppelpunkt dient nach Helber ausdrücklich als Pausenzeichen, ungefähr in der Mitte eines Satzes, während der Punkt am Ende "einer Red oder Spruchs" gesetzt wird. Die Scheidung von Virgel (/) und Doppelpunkt (:) in ihrer Funktion ist, wie bereits erwähnt, den deutschen Grammatikern des 16. Jahrhunderts, mit Ausnahme von Laurentius Albertus (Bieling 1880, S. 23-24) unbekannt. Im Text steht der Doppelpunkt auch vor Angaben von Beispielen, Aufzählungen, Trennung von Aufzählungen und Nebensätzen, und von Satzgliedern, die durch <oder> verbunden sind im Gegensatz zum heutigen Usus.

Helber bespricht Frage- und "Parenthesische zeichen" und unterscheidet im

Gebrauch zwischen runden () und eckigen [] Klammern. In der runden Klammer "wirdt eingeschlossen was nit zu nötiger erfüllung, sonder zu erklerung oder zierung der Red beigebracht wirdt" (S. 37). Eine halbe eckige Klammer] benutzt er um Zitate zu vermerken:

> am end einer gantzen Red, oder eines gewissen Worts der Person, von wellicher daselbst gehandelt wirdt, domit leichtlicher gemercket werde, wie weit die angezognen Wort sich erstrecken (S. 37).

Die offene eckige Klammer [zeigt im Text an, "was einer Auslendischen Sprach eigen ist" (S. 15). Neu ist bei Helber das Ausrufezeichen (!), das den Grammatikern vor ihm unbekannt war. Es drückt aus, "das vorgesetzte Red ein verwunderung in sich halte" (S. 37).

2.2 Großschreibung

Obwohl auch im 16. Jahrhundert noch keine Regelung zur Verwendung von Großbuchstaben (Majuskeln, Versalien) bestand, wird deren Wahl statt Kleinbuchstaben (Minuskeln) zu einem charakteristischen Merkmal der Texte in der frühnhd. Periode (Penzl 1984, S. 37). Große Anfangsbuchstaben dienten ursprünglich wie Interpunktionszeichen als Lese- bzw. Sprechzeichen (Moser 1929, S. 11). In mittelalterlichen Handschriften finden wir oft Großbuchstaben bei Strophenanfängen der Lieder, auch wenn die Strophen selbst nicht getrennt geschrieben wurden. In Drucken, z.B. Hans Fabritius' einleitenden Vers "Zu den Schreibschulern" (S. 2), stehen am Anfang jeder Verszeile Majuskeln. Sonst verläuft die Entwicklung von der syntaktischen Großschreibung, d.h. Großschreibung des ersten Wortes eines Satzes oder Satzgefüges, über die selektive Verwendung von Majuskeln bei der Schreibung von <Gott>, Eigennamen, Ortsbezeichnungen und Namen von Ländern, von Titeln und Überschriften der Texte, Substantiven, die im Satzgefüge hervorgehoben werden sollen, zur regelmäßigen Großschreibung aller Substantive. Bödiker (1690) führte die noch heute geltende Regelung des Gebrauchs der großen Anfangsbuchstaben am Ende des 17. Jahrhunderts ein (Bach 1965[7], S. 344), doch wurde sie bis ins 18. Jahrhundert und länger nicht konsequent befolgt,

> wenn es sich um Substantivierung handelt, z.B. beim Infinitiv (das Lesen), bei Adjektiven (das Böse) oder umgekehrt bei Pronomen in substantivischer Funktion oder wenn das Wort in festen Wendungen seinen Substantivcharakter verloren hat (Penzl 1984, S. 37).

Die ältesten Theoretiker, einschließlich **Schryfftspiegel** (1527) (Moser 1929, S. 15), fordern allgemein Majuskel am Satzanfang, bei Eigennamen und bei Gott, verwerfen sie aber sonst. Der Würtembergische Hofsekretarius Johann Helias Meichßner (1538) verlangt in seinem **Handbüchlein gruntlichs berichts**, einer deutschen Rhetorik mit Briefformularen, Kleinschreibung der Eigennamen (Moser 1929, S. 15), während Fuchßperger (1542) in **Leeßkonst** (In: Müller 1882, S. 166-88) schreibt:

> Darzů sol man in mitten der rede/ die wort/ so sondrer ding bedeutung haben/ mit versal bůchstaben anfahen (S. 183).

Weder Ickelsamer noch Helber geben Anweisungen zur Großschreibung. Beide schreiben Wörter groß am Satzanfang, aber auch in Satzgefügen und Satzteilen, vor denen ein Satzzeichen steht: meistens eine Virgel, bei Helber oft auch ein Doppelpunkt.[5] <Gott> wird fast immer mit Majuskel geschrieben,[6] ebenso Titel und Eigennamen.[7] Daneben finden wir Beispiele von Substantiven, aber auch Adjektiven, die im Satz besonders hervorstehen sollen, mit Großbuchstaben.[8] Helber schreibt oft auch im Text zitierte Laute groß.[9] Am Anfang der Verszeilen des "Geistlichen ABCs" (S. 38-39), das er seinem Werk als Übungsaufgabe für den Leser beifügt, stehen Majuskeln.

Bei Ickelsamer und Kolroß finden wir einen Großbuchstaben im Inlaut des ersten Wortes, mit dem die Schrift bzw. ein neues Kapitel beginnt. Helber schreibt das ganze erste Wort, das den ersten und letzten Satz seines Büchleins einleitet, mit Majuskeln. Zwei oder auch mehr Majuskeln werden im 16. und noch im 17. Jahrhundert gesetzt, wenn ein Wort besonders hervorgehoben werden soll (Moser 1929, S. 14). Es handelt sich hier um rein graphische, nicht distinktive Varianten desselben Graphems.

Fabritius stellt zwei Regeln auf "wan du ein versal solt schreiben vnd nit eyn kleynen buchstaben":

> 1. Alle namen der man, Frawen, Stedt, Flecken, Dorffer, Schloss, Lender Magstu auch mit versal schreiben, auch von Muntz, gewicht.
>
> 2. [W]o sich ein sentenz oder ein ander artickel sich in der red wider anhebet, ist von nöten ein versal zu schreiben (S. 6).

Großschreibung aus Schönheitsrücksichten, "wie wol es die schrift zirt" (S. 6), lehnt er prinzipiell ab. Im Text finden wir jedoch neben den zu erwartenden

Großschreibungen auch Beispiele für unbestimmte Artikel und Präpositionen mit Versalien: "Nun wil ich Ein vnderrichtung setzen ... wie sie sich halten sollen Mit den vertüttelten buchstaben" (S. 29).

Seine Ansichten stimmen mit denen von Kolroß überein, den Hagemann (1876) für den ersten Grammatiker erklärt, bei dem er eine Theorie der großen Anfangsbuchstaben gefunden habe (S. 123). Kolroß formuliert, was wir bereits in der Praxis gefunden haben. Zu den zwei Regeln von Fabritius stellt er drei weitere auf. Mit religiösem Eifer schlägt er vor, wenn man schon die gewöhnlichen Eigennamen groß schreibe, dann

> solt man billich den Nammen Gottes (dem allein alle eer zůgehört) nit allein mit dem ersten bůchstaben groß/ sunder das gantz wort mit versal bůchstaben schryben/ also GOTT/ (S. 86).

Er bezieht sich dabei auf den Brauch der Drucker, das ganze Wort <Herr> im Alten Testament mit Majuskeln zu schreiben <HERR>, so fern es "Gott" bedeute, begnügt sich schließlich aber doch mit Großschreibung des ersten Buchstabens, denn es ist "wol am üsserlichen ding Gott nit vyl gelägen/ er will das hertz haben/" (S. 86-87). Er lehnt Versalien im Inlaut mit Bestimmtheit ab, gibt dabei aber nur Beispiele an, die mit einer Minuskel beginnen (vAtter vNser dEr). In seinem Text spricht dagegen die Verwendung von zwei Majuskeln im Titel des Buches <ENchiridion>, wie auch im ersten Wort eines neuen Kapitels. Es muß sich hier um die Konvention des Druckers handeln, da Kolroß seine Regel am Beispiel des "Vater unsers" (S. 87) befolgt. Letztlich unterscheidet er "Capitel" oder "houptbůchstaben", die größer als die Majuskeln geschrieben werden sollen, und dazu dienen, Titel und Überschriften von dem folgenden Text deutlich abzusetzen (S. 87). A. Hagemann (1876) behandelt die historische Entwicklung der Groß- und Kleinschreiberegelung.

2.3 Abkürzungen

Die Konvention, gewisse häufig vorkommende Wörter abgekürzt zu schreiben, ist im Frühnhd. wesentlich dieselbe wie in mhd. Zeit. Jedoch erfährt der Gebrauch in der zweiten Hälfte des 16. Jahrhunderts stärkere Einschränkung und manche Drucker bedienen sich ihrer später nur noch sehr wenig (Moser 1929, S. 9). Die Lesemeister fühlen sich natürlich verpflichtet, die deutschen und noch viel zahlreicheren lateinischen Abkürzungen in ihren Schriften zu erklären. Ickelsamer (1534[2]) bespricht in der **Rechten weis** "gemeine deutsche" und "furnembste lateinische breuiaturn" (S. 59). Da für die vorliegenden Texte fast nur die deutschen Abkürzungen von Interesse sind, beschränke ich mich in der Besprechung auch auf diese. Ausnahme ist die sehr häufige Verwendung in allen vier Schriften von ʔc für lateinisch "et cetera."

Ickelsamer erwähnt nur drei Abkürzungen: <dz> steht für <daz>, <das>; <wz> für <waz>, <was>; und <d'> für <der>, als Artikel oder Phonemfolge /er/ (z.B.: <widd'> für <widder> (S. 59). Manchmal wird diese Kürzung auch durch ein s-artiges Zeichen über der Zeile oder eine kleine Welleslinie ausgedrückt, in den vorliegenden Ausgaben ist es nicht belegt. Alle drei sind in frühnhd. Zeit besonders beliebt und in Drucken allgemein bis zum Ausgang der

Periode üblich (S. Moser 1929, S. 9).

2.3.1 Ickelsamer

Da Müller in seinen **Quellenschriften** (außer gelegentlichem <dz>) Abbreviaturen und Ligaturen aufgelöst hat, gibt uns Fechners Ausgabe den besten Einblick in den Gebrauch der Kürzungen im Druck. Neben zahlreichen Beispielen für <dz>, <wz> und <d'> finden wir im Text sehr häufig einen Strich oder eine Wellenlinie (-, ~) oberhalb der Zeile über einem Vokal, wo er Nasal bedeutet, <n> oder <m>. Er kommt besonders häufig über unbetontem <ē> im Auslaut vor, wo er für <n> steht (namē, beschribē, lernē) (Bl. A1b), aber auch im An- und Inlaut über einem Tonvokal: "dañ auß keinr ädern vrsach/ ist die teütsche sprach so gātz vnkendtlich/" (Bl. C6b). Über einem Nasal deutet der Strich Doppelheit an (nam̃en Bl. A2a; erkeñen Bl. A2b; Eiñ Teütsche Grammatica BL. A1a), eine Abkürzung, die auch in Drucken des 17. Jahrhunderts noch sehr beliebt ist (Moser 1929, S. 8). Von besonderer Bedeutung ist der Strich über Nasal in <vñ>, <vm̄>, wo er für <vnd> bzw. <vmb> steht. Die Abkürzung <vñ> ist sehr häufig im Text belegt,[10] während ein Beispiel für <vm̃> fehlt.

2.3.2 Kolroß

Kolroß gibt eine sehr ausführliche Besprechung der "gestalt der kürtzung" (S. 81) mit vielen Beispielen. Die Abkürzungszeichen bezeichnet er als "strichlin oder tüpfflin/ welche man nennet tittel" (S. 81). Sie können

> kurtz/ oder lang/ krumm oder schlåcht/ so eydtwedors
> über die bůchstaben/ ouch hinden oder vornen dran/ oder
> ouch vnden durch die bůchstaben gezogen vnd gesetzt
> [werden] (S. 81).

Neben den von Ickelsamer erklärten Zeichen bespricht er (S. 81), daß ein Strich über einem Nasal (ñ) auch für ein <e> stehen kann (habñ) oder eine ganze Phonemfolge ersetzt wie in <obgñt>, das für "obgenannt" verwendet wird, auch in flektierter Form. Ein Strich unterhalb der Linie durch ein p <p> ersetzt par oder per (<p schuh> für <par schuh>, <pson> für <person>), doch wird es wenig im Deutschen gebraucht. Er kennt außerdem einen "tittel" für <en>, "gar by einem gschribnen y. glych", der für die Infinitivendung geschrieben wird (trybǫ für tryben, gloubǫ für glouben usw.), weist auf die Abkürzungen für Münzen, Titel in der Anrede und die traditionellen Kürzungen im Alten und Neuen Testament hin (S. 81-83). Im Text unserer Ausgabe sind keine Belege zu finden, da außer einigen <dz> alle Abkürzungen aufgelöst sind.

2.3.3 Fabritius

Hans Fabritius hat sehr wenig über Abkürzungen zu sagen. Im Gegensatz zu den anderen Lesemeistern gilt bei ihm ein Strich über einem Vokal ausschließlich für <m> nicht <n> (S. 29). Er ermahnt auch seine Schüler, Geldbeträge in Geschäftsbriefen buchstäblich auszuschreiben, um Mißverständnisse zu vermeiden ("acht gulden" nicht "viij. gl.") (S. 39). Ein Beleg für Meister Hanssens "tuttel" findet sich im Titelblatt:

> denn angenden// deutschen schreyb schulern/ zu gut mit//
> geteylt/Durch Meister Hanssen fabri=//tiū Rechenmeister
> vnd deutscher schrey//ber zu Erffurth.

In dem Brief an Blasius Steffan, Burger zu Mulnhausen in Döringen (S. 1), der sein Werk einleitet, finden wir außerdem eine Abkürzung: <E.E.> für "Eure Ernwirde". Sonst war es nicht möglich, Einsicht über die Verhältnisse im Text zu gewinnen, da auch Meier alle Abkürzungen ersetzt.

2.3.4 Helber

Sebastian Helber widmet das sechste Kapitel

> den Büecherischen Zeichen, welliche allso vil gelten vnd
> anzeigen, wie sonst 2. oder 3. Bůchstaben mit ein=ander,
> oder wie ein gantzes auch vilsylbiges Wort (S. 3).

Ungewöhnlich ist es, daß er <ß> für <ss> zu den Abkürzungen zählt. Sonst konzentriert er sich neben Angaben über Maße und Münzen hauptsächlich auf Kürzungen von Namen, Titeln und Anredeformeln.[11] Im Text sind Beispiele belegt für <dz> (das) (S. 5, 7), <vñ> (vnd) (S. 4), <ē> (etlichē, anderē, bo=gē) (S. 5), <od'> (oder) (S. 11, 30), <d'> (der) (S. 19). Im Vergleich zu den Ickelsamer Schriften werden Abkürzungen sehr sparsam verwendet; am häufigsten ist der Strich über einem <ē> für <-en> in unbetonter Auslautsstellung.

2.4 Worttrennung

Die Trennung von Worten und Wortteilen, wie auch die Zusammenschreibung von Komposita aller Art, ist in der frühnhd. Periode noch sehr willkürlich. In der zweiten Hälfte des 16. Jahrhunderts tritt eine gewisse Regelung ein, aber im allgemeinen besteht Unsicherheit im Gebrauch noch bis in das 17. Jahrhundert (Moser 1929, S. 10).

Die Grammatiker fordern von Anfang an Trennung am Zeilenende nach Silben, diskutieren jedoch, ob man nach dem etymologischen oder phonetischen Prinzip trennen soll: hab=en oder ha=ben. Bei Komposita kann die Zusammenschreibung einer Wortgruppe in einem einheitlichen Wort als Zeichen dafür gelten, daß die Entwicklung von einer Wortgruppe zu einem neuen Wort abgeschlossen ist. Dies legt auch einen einheitlichen Wortakzent nahe (Penzl 1984, S. 36). Jedoch finden wir in den Texten oft Schwankungen in der Schreibweise desselben Wortes: 'laut bůchstaben' neben 'lautbůchstaben' (Ick. 1537, S. 125, 126). Die getrennte Schreibung kann durch das selbständige Vorkommen der Teilformen oder durch die Akzentuierung bedingt sein (Penzl 1984, S. 36).

2.4.1 Ickelsamer

Ickelsamer versucht, genaue Anweisungen zur Silbenteilung zu geben (S. 143-46). Er bezieht sich dabei auf die Etymologie, die Silbenstruktur und im Zweifelsfall auf den "wollaut", die Euphonia, "die diser ding fürnåmste maisterin vnd lererin ist/" (S. 145). Er formuliert acht Regeln, die nach Müller nicht von lateinischen Grammatikern beeinflußt sind (Müller 1882, Anmerkg 149, S. 143), stellt jedoch am Schluß seiner Abhandlung jedem Sprecher anheim, zu entscheiden, "wa sich die bůchstaben nach dem wollaut/ am fůgklichsten hinschicken" (S. 146).

Die Etymologie gilt als Maßstab in Fällen, wo der Sinn des Wortes durch phonetische Trennung verloren geht: er besteht auf bůch/stab/e. <st> trennt er prinzipiell nicht: bei 'Fürste,' das Ickelsamer als Zusammensetzung aus 'fürstehn' erklärt (ebenso Fuchßperger (In: Müller 1882, S. 176); bei dem Stand der Forschung zu jener Zeit ist dies nicht überraschend!), besteht er auf Für/ste; jedoch bei Ci/stern entscheidet der Klang, unabhängig davon, daß er es, wenn auch falsch, aus dem Lateinischen (cis terra) ableitet. Konsonantenverbindungen, die am Wortanfang vorkommen (str, pt), sollen auch im Inlaut nicht getrennt werden : e/strich; Bar/pto/le/mes. In der ersten Ausgabe seiner **Grammatica** zählt er zu diesen Beispielen Ba/pti/sta,[12] während im vorliegenden Druck Bap/ti/sta steht, was jedoch nicht dem Sinn seiner vorausgehenden Erklärung entspricht, die in beiden Ausgaben wörtlich übereinstimmt.[13] Die Diskrepanz muß ein Fehler des ursprünglichen Druckers sein. Bei intervokalischem Konsonant teilt Ickelsamer die Silben nach dem Vokal (A/dam; A/ga/tha), bei Doppelkonsonaz zwischen den Konsonanten (al/ler; An/na). Vokalischer Silbenanlaut ist zu vermeiden, "dann das lautet ser hart/ ... als wann man also wolt bůchstaben/ Ick els am er" (S. 146). Für ihn gilt I/ckel/sa/mer.

Bei der Graphemfolge <ng> in 'dingen' und <nk> in 'trincken', die er nicht in seiner Behandlung unterscheidet, gerät er in Schwierigkeiten. Ickelsamer scheint sich darüber klar zu sein, daß <ng> phonetisch nicht getrennt werden kann und überträgt diese Einsicht auch auf <nk>. Er schwankt zwischen Morphemtrennung ding/en, trinck/en und Trennung nach dem Vokal: di/ngen, bzw. tri/ncken (S. 145).

Bei der Analyse der Texte ergab sich, daß der Abschnitt "Ye bung/ und/ le ben/ ai nes Chri sten" (S. 156-57), den er als Leseübung für seine Schüler silbisch schreibt, den besten Aufschluß über seinen Gebrauch der Silbenteilung gibt. Bei <ng>, <nk> entscheidet er sich regelmäßig für Morphemtrennung, also <an hang en, An fang en, Ge fang ne, ding en, kranck en, be denck en, trinck en>. Das gleiche gilt für die Graphemfolgen <sch> und <ch>: <mensch en, him lisch e, reich en, woch en, solch en>. Bei <tz>, das er nie trennt, schwankt er zwischen <vn nütz en, hertz ig kait, hertz en> und <her tzen, seüf tzen>. Bei intervokalischem <h> teilt er vor dem <h>: <ver ie hen>; bei <h + Konsonant> danach: <ge weh nen, war/ neh men>. Sonst teilt er zwischen mehrfachen Konsonanten, auch verschiedenartigen: <ü ber/tret tung, kom men, ver gün nen, tod ten, son der, be gir den>. Die Worttrennung stimmt sonst im Druck der Müller Ausgabe überwiegend mit den heutigen Regeln im Deutschen überein.

Die Faksimileausgabe von Fechner zeigt jedoch, daß die Trennung am Zeilenende durchaus nicht an die Silbengrenze gebunden ist, sondern bei jedem Buchstaben erfolgen kann. In der **Rechten weis** finden sich folgende Beispiele: <au=ch> (Bl. A2b), <ma=gd> (Bl. B5b), <pre=is> (Bl. E4a), <gezeu=gnis>(Bl. B5a), <ni=cht> (Bl. C1a), <vernun=fftige> (Bl. E2a);

<buchsta=ben> (Bl. A3a, A6a, A7b), wird trotz Ickelsamers Überlegungen nicht nach der Etymologie abgeteilt, aber sie gilt für <dar=umb> (Bl. B2b), und <lind=es> (Bl. B1a). In der **Grammatica** wechselt Trennung von <ng> und <nk> zwischen <trin=cken> (Ick. 1534, Bl. C5a), <klin=gende> (Bl. B1a), und <schlang=en> (Bl. B6b), <anfeng=klich> (Ick. 1537, S. 156).

Bei Zusammensetzungen schwankt die Schreibung, oft im selben Wort: <ein mal> (S. 121) in der zweiten Ausgabe der **Grammatica**, neben <einmal> (S. 123); <Hundtsbůchstaben> (S. 135), welches vorher getrennt erscheint: <Hundts bůchstab>, (S. 128). Nominale Zusammensetzungen von zwei Substantiven werden häufig noch getrennt geschrieben: <rede tayl> (S. 121), <end silben> (S. 145), <sprach art> (S. 122), <frag zeichen> (S. 159), <můter sprach> (S. 143). Daneben findet sich jedoch auch Zusammenschreibung: <schůlmaister> (S. 123), <fragrede> (S. 159). Komposita aus Verb und Substantiv werden meistens zusammengeschrieben: lesekunst, lesewerck, sprichwort, holtzhawer (S. 123); dagegen stehen jedoch <lese bůchlin> und <leßbůchlin> nur eine Zeile voneinander getrennt (S. 156). Auffällig ist die Zusammenschreibung von zu+Infinitiv im Text: <zůnennen, zůerkennen, zůuverstehn neben zů brauchen> (S. 121). Aus all dem ist zu schließen, daß in der ersten Hälfte des 16. Jahrhunderts noch keine feste Reglung besteht.

2.4.2 Kolroß

Kolroß behandelt die Worttrennung in seinem Kapitel von den Kürzungen, jedoch weniger ausführlich als Ickelsamer. Für ihn ist es wichtig, jeder "silben ire zůgehőrende bůchstaben zůschryben/" die zu erkennen sind, "so du das wort langsam reedest/" (S. 82). Er setzt seinen Religionsunterricht in dem Beispielsatz fort:

> Je/sus/ ist al/lein/ un/ser sã/lig/ mach/er/ für/sprech/ mitt/ler/ ver/sű/ner/ ver/trãt/ter/ be/za/ler/ vnd er/lő/ßer/ (S. 82).

Er hat nur drei Regeln, die im wesentlichen mit denen von Ickelsamer übereinstimmen. 1. Gleiche Doppelkonsonanten verteilt er auf beide Silben <al/lein, ver/trãt/ter> (s.o.). 2. Bei Zusammensetzungen trennt er an der Morphemgrenze <mitt/ ler, für/sprech>, <gőtt/lich, statt/recht, bott/schafft> (S. 83). 3. Steht ein Konsonant zwischen zwei Vokalen, so darf er nach Belieben des Schreibers zur vorhergehenden oder zur folgenden Silbe gesetzt werden. Hierin weicht er von Ickelsamer, Fabritius (S. 8, 20, 27ff), Helber (S. 13, 20ff), und auch Fuchßperger (In: Müller, S. 176) ab, die ihn als anlautend zur zweiten Silbe ziehen. In der vorliegenden Ausgabe wird am Zeilenende nach den nhd. Regeln abgeteilt, was aber nichts über die Verhältnisse im Original aussagt, wie beim Vergleich der beiden Texte von Ickelsamers **Rechten weis** zu sehen war. Kolroß schreibt Infinitive mit 'zu' zusammen: <zeschryben> (im Titel, S. 64), <zekummen, zeschicken, zuvertryben, zeerlernen usw.> (S. 65). Bei Verbindungen von Ortsadverbien mit Präposition überwiegt Zusammenschreibung

<daruß, darumb, dorinn, damit> (S. 65) neben vereinzeltem <da mit> (S. 65). Zusammensetzungen von zwei Substantiven werden zusammen oder auch getrennt geschrieben: <handtwercks gsellen>, <Ciffer zaal> (S. 65). <die jhenigen> (S. 65) wird noch häufig während der ganzen frühnhd. Periode getrennt geschrieben (Moser 1929, S. 10).

2.4.3 Fabritius

Fabritius gibt keine übersichtliche, geordnete Zusammenfassung von Worttrennung und -zusammenschreibung. Aber auch er äußert sich durch theoretische Anweisungen und hauptsächlich durch Sammlung von Beispiellisten über das Thema. Er formuliert keine festen Regeln, ermahnt jedoch, "das du fursehung habest, das du ein vollkomne silben brichst ...." (S. 9). Als Beispiele führt er Namen an: Ca=sper, Au=gu=sti=nus, A=bra=ham, A=dam, Ag=nes (S. 9), "Frangck=reich nit Fra=ngckreich, Chri=stus nit Christ=us, Kra=mer nit Kram=er" usw. (S. 20). An Hand eines kurzen "namen büchleins" erklärt er später "wie man die silben an heben soll vnd enden" (S. 26-29). Er weicht dabei in der Praxis nicht von den Regeln, die Ickelsamer aufgestellt hat, ab. Er trennt im allgemeinen nach Sprechsilben ab, außer bei ch, pf, ck, die er in intervokalischer Stellung zur ersten Silbe zieht. Auffällig ist, daß er trotz seiner Ermahnung, nur vollkommene Silben abzuteilen, unter seinen Beispielen <Frie=sz> und <Sch=weitz> angibt. Es fragt sich, ob er in seinem Bemühen inkonsequent ist, Ordnung in die sehr ungeregelten Verhältnisse in der Schreibung zu bringen, oder ob die Liste, die er verwendet, nicht von ihm selbst zusammengestellt sondern einfach aus anderer Quelle übernommen wurde. In der Zusammensetzung scheint bei ihm eine größere Tendenz als bei den anderen drei Lesemeistern zu bestehen, die Wortteile getrennt zu schreiben, jedoch ist das in dieser Arbeit nicht statistisch untersucht worden. John Meier sah sich verpflichtet, gewisse Korrekturen vorzunehmen, die jedoch nicht unbedingt gerechtfertigt sind. Er verbessert <voll komne> (S. 9); <vnder wißte> (S. 12); <mittel mesig> (S. 16) und schreibt sie im Text zusammen. Es finden sich aber viele Beispiele bei Fabritius, die darauf hinweisen, daß er auch hier getrennte Schreibung beabsichtigt haben kann. Er schreibt <mit zu teyllen> (S. 1), <ein mal> (S. 1, 7), <zu letzt> (S. 7), <zcu lest> (S. 35), <Zu Namen> (S. 6), <an nemen> (S. 1), <Kurtz umb> (S. 3), <auff sehung> (S. 3), <zu samen koment> (S. 7), <nach volgende> (S. 4), woneben jedoch die gleichen Komposita auch schon verbunden vorkommen: <zuletzt> (S. 7), <uffsehung> (S. 2). Ickelsamer (1534[2], S. 53) und Kolroß (S. 66) schreiben <nachfolgend> bereits als ein Wort. Bemerkenswert ist ebenfalls, daß bei Fabritius, im Gegensatz zu den anderen Lesemeistern, die auf t auslautende zweite Person Singular im Präsens der Modalverben erhalten ist, bei denen das nachgestellte Pronomen 'du' mit dem Verb zusammengeschrieben wird: <wiltu>, <kanstu>, <soltu>, <mustu> (S. 2).

2.4.4 Helber

Im dritten Kapitel "Von Zusamordnung der Mitstimmenden, womit die Sylben rechtmessig entschiden werden" schreibt Helber über Silbenstruktur und Wortbildung im Deutschen (S. 12-17). Dabei behandelt er auch das Problem der Worttrennung in fünf Punkten, die den Regeln der anderen Lesemeister entsprechen. Er unterscheidet zwischen einfachen Wörtern (das "seind Einfache an jrer bedeutung, vnnd sein volkomenlich geschriben," S. 13) und zusammengesetzten, bzw. abgeleiteten Wörtern:

> Etliche sein Doplete an jrer bedeutung, oder haben sonst etwas meereres anzuzeigen mit irer oder iren angehengeten syllben: als Camerdiener, durchjagen, ... erstreckete (S. 13).

Als dritte Art sieht er die synkopierten Wörter an:

> die nit vollkomenlich geschribē werden, dann sie mangelen des Buchstabs e nach dem g oder b, in der ersten Sylben, oder vor etlichen gewissen, vilen angehengigen lesten Sylben (S. 13).

Da er, wie die anderen Lesemeister, zwischen Doppelkonsonanten abteilt, hält er es für nötig, eine Regel für synkopierte Formen zu geben, bei denen der duplierte Konsonant zur vorhergehenden Silbe gehört <Wiss=te, bewiss=tes, angespiss=ter, verhass=ten>. Bei abgeleiteten Wörtern besteht er auf Morphemtrennung, damit "iede Teilen des Worts die Buchstaben die sie sonst bei sich haben" (S. 14) behalten. Dabei teilt er <vn=derwerffen>, <vn=terschid> (S. 14), als handelte es sich um das Präfix 'un-'. Für Konsonantengruppen in Inlaut gibt er die gleiche Regel wie Ickelsamer und Fuchßperger (In: Müller, S. 176) nämlich, daß im Anlaut einer Silbe nur Konsonanten oder Konsonantengruppen stehen dürfen, die auch im Anlaut eines Wortes vorkommen können.

Eine geregelte Schreibung für Zusammensetzungen ist auch am Ende des 16. Jahrhunderts nicht festzustellen. Sie werden noch häufig getrennt geschrieben. Helber schreibt <Ober Teütscher> (S. 3), neben <Hochteutschen> (S. 4), <die jenen> (S. 3) getrennt, <aus zusprechen> (S. 3) neben <ausgesprochen> (S. 3), <auszusprechen> (S. 9). In seinem **Syllabierbüchlein** ist jedoch im Vergleich zu den anderen Lesemeistern eine Tendenz zur Zusammenschreibung festzustellen, die auf Fortschritt seit den dreißiger Jahren des 16. Jahrhunderts weist. Eine systematische Untersuchung der Zusammensetzungen liegt außerhalb des Ziels dieser Arbeit und ist daher unterblieben.

2.5 Die prosodischen Merkmale

Die prosodischen Merkmale sind ein integrierender Bestandteil der Lautung. Im Gegensatz zu den segmentalen sind die suprasegmentalen Phoneme aus der Schreibung schwer zu erfassen, da sich in der Orthgraphie keine Zeichen finden, die allein ihre Merkmale enthalten. Interpunktion, Großschreibung und Worttrennung stehen im Zusammenhang mit den prosodischen Zügen der Sprache, geben sie jedoch nicht ausreichend wieder. Bei dem Versuch, die suprasegmentalen Phoneme der Sprache des 16. Jahrhunderts zu erfassen, erweist sich die Beschreibung der Lesemeister und ihre Anwendung der Interpunktionszeichen in den Schriften am aufschlußreichsten. Ickelsamer spricht zweifellos von einer steigenden Intonation, wenn er vom Fragezeichen sagt, daß es ausdrückt, "wie sich die stymm am ende erhebt vnd über sich schwingt" (S. 159). Die Tatsache, daß er es überhaupt erwähnt, deutet an, daß er die Tonhöhe bei der Frage von einer zweiten, höchstwahrscheinlich der fallenden, unterscheidet. Sie läßt sich leicht mit dem Punkt am Ende des Aussagesatzes verbinden. Doppelpunkt und Komma, sofern es nicht den Punkt am Satzende ersetzt, weisen auf einen gleichbleibenden Ton hin, aber die Bemerkungen der Lesemeister bestätigen nur eine Junktur, eine Pause, in der Aussage. Dasselbe gilt auch, wenn Kolroß auf syntaktischer Großschreibung besteht. Helbers Aussage über das Ausrufzeichen, welches ausdrückt, "das vorgesetzte Red ein Verwunderung in sich halte" entspricht eher einer expressiven Ausdrucksgebährde des Sprechers als einer Beschreibung von emphatischer Intonation.

Die Verwendung von Großbuchstaben in den Schriften der Lesemeister ist, außer am Satzanfang, so unregelmäßig und unvorsehbar, daß sie kaum Information über den Satzakzent liefert. Dies schließt nicht aus, daß in einigen Fällen das mit Majuskel geschriebene Wort, das im Satzgefüge hervorgehoben werden soll, auch den Satzakzent trägt. Die Wahl von Majuskel ist jedoch oft arbiträr oder dadurch bestimmt, daß es sich um ein Fremdwort oder Namen handelt, nicht durch den Satzakzent.

In der Orthographie werden Junkturen durch Abstände wiedergegeben, an Morphemgrenzen innerhalb eines Wortes aber unberücksichtigt gelassen. Da die Zusammenschreibung von Komposita, so wie die Trennung am Zeilenende sehr willkürlich ist und im selben Text schwankt, ist es auch hier schwierig, irgendwelche Schlüsse über Grenzsignale als Komponente der Phonologie des 16. Jahrhunderts zu ziehen. Zusammenschreibung legt einen einheitlichen Wortakzent nahe, und es ist kaum anzunehmen, daß dasselbe Wort getrennt geschrieben mit Junktur gesprochen wird. Die häufigen Kontraktionen, besonders der nachgestellten Pronomen <es, sie> (Ick. 1537, S. 120 <Ders>, <würdts>, S. 124 <thetens>, Kolroß S. 65 <mans>, Fab. S. 5 <wollens>) und des Artikels <das> (Ick. 1534^2, S. 56 <ins>, <wens>; 1534, Bl. D6a <aufs> usw.) bezeugen einen schwachen Akzent und eine Tendenz in der Aussprache, Junkturen zu schließen. Ickelsamers Ermahnung, daß vokalischer Silbenanlaut zu vermeiden ist "dann das lautet ser hart" (S. 146), könnte als Realisierung des Glottisverschlußlautes in der Junktur interpretiert werden.

ANMERKUNGEN

1. Ickelsamer (1537), S. 154: "Vnrecht vnnd vngeschickt ists das man das /t/ schier allweg an dz /d/ henckt/ auch in den wőrtern die gantz waich vnnd lynde lauten vnd auß=gehn/ als sein mund/ wund/ tod. Da man schreybt/ mundt/ wundt/ todt/ Man soll dise zwen bůchstaben gar nit also zůsamen setzen/ dann ye kain stym kan zů gleich mitainander geben den linden vnd herten laut/ des /d/ vnd /t/ werden/ nit gantz starck/ ouch nit gar lind ir vßsprechen haben/ darumb solt du nit zwey tt. ouch nit ein t. allein/ sonder th. oder dt. schryben. Exemplum. råth/ oder rådt/ ... todt/ tüdtsch/ ludt/ ..."

2. Ickelsamer (1537), S. 132, rät seinem Leser, daß er "das selbig wort oder seine tayl/ das ist/ die bůchstaben vor in seine oren neme/ vnd frag seine zungen wie es klingt/ hart oder waich/ vnd was es aigentlich für laute hab/ ..." dann wird er nicht unnütze und falsche Buchstaben schreiben.

3. Ickelsamer (1537), S. 138: "... im cap: von der Orthogra: vnd anderstwa/ ..."; "Darumb nennet auch Quinti: das /x/ ..."

4. Ickelsamer (1537), S. 120: "Ders aber thůn will/ der můß auch/ (wie vom lesen im bůchlin vermeldet) trachten nach dem grund ..."; S. 149: "Also wer sol billicher teütsch künden vnd verstehn dann die teütschen?"

5. z.B. Ickelsamer (1537), S. 121: "Es ist vil lieblicher gesagt/ Ich hab das geredt mit lachendem mund/ ..."; Helber, S. 31: "Daher füegen sich auch: Es will mir grawen, Mich daucht ...."

6. Ausnahmen bei Ickelsamer (1537): S. 148: gotes gnade, got reich. S. 156: gott.

7. a.a.O.: S. 121: Fürsten, Cantzler, Thůmherren; S. 125: Quintiliannus, die Ghriechen vnd Hebreer, die Teütschen vnd Lateinischen; S. 150: Rheanus.

8. a.a.O., S. 121: Nam, Vigilien, Seelampten, Meß; Großmãchtigen, Singend.

9. Helber (1593), S. 17: "Vom J vnd V ist oben nach dem Bůchstaben W gesehen worden ...."

10. Ickelsamer (1534), Bl. A4a: "vñ ich wőlt mir dise meine arbeyt nit bas belőet schetzẽ/ dañ so etwa gotfürchtige vñ frume menschẽ/ dise kunst also lerneten/ vñ darnach zů Gottes ehre brauchten."

11. Helber (1593), S. 35-36: H. für Hanns, Hőrzog, Herr, M. für Magister oder Meister, Marx, Mattheus, E.W. für Eüere Weisheit, oder Wirde usw.

12. Ickelsamer (1534), Bl. C4b: "Man soll mercken/ wel//che Bůchstaben undereinander etwas v'=wandt sein/ dañ solche sollen zůsamē in ein silben genōmem werdē/ als im wort Baptista/ da gehn das /pt/ fein lieblich zůsamē in der andern silben/ wie auch das /st/ in der dritte silben/ vñ würdt also gebůchstabet/ Ba pti sta/ Bar pto lo me."

13. Ickelsamer (1537), S. 144-45: "Man soll mercken welche bůchstaben vnterainander etwas verwandt sein/ dann solche sollen zůsamen in ain silben genommen werden/ als im wort Baptista/ da gehn das /pt/ feyn lieblich zůsamen in der andern silben/ wie auch das /st/ in der dritten silben/ vnd würd also gebůchstabet Bap ti sta/ Bar pto le mes."

3. DIE ZEICHENANALYSE

Das wichtigste Material für die synchronische Analyse, aus dem wir die Laute des Frühneuhochdeutschen erkennen können, sind die orthoëpischen Äußerungen der Lesemeister selbst und die Schreibungen in den vorliegenden Texten. Der erste Schritt ist eine genaue Erfassung des Zeicheninventars, der Vokale und Konsonanten, aber die graphemische Beschreibung an sich gewinnt erst an Bedeutung in ihrer Anwendung auf die Phonologie (s. 4., 5.). Das Ziel ist ja, die Lautwerte aus den Schreibungen abzuleiten. Der erwähnte enge Bezug von Schriftzeichen und Phonem (s. 2.), besonders bei den Schreibern der Frühzeit, ist dabei eine wesentliche Hilfe.

Die richtige Erkenntnis der Beziehung von Schriftzeichen und Sprachlaut ist überaus wichtig. Die Geschichte der Schriftsysteme zeigt mit wenigen Ausnahmen die Übernahme der Zeichen von Sprache zu Sprache mit gleichen oder zumindest parallelen Lautwerten. Eine willkürliche neue Wertgebung ist eine große Ausnahme (Penzl 1972, S. 53). Als Grundlage der Schreibtradition für die deutsche Rechtschreibung gilt seit althochdeutscher Zeit das lateinische Alphabet. Die Lautwerte, die durch Beschreibungen von zeitgenössischen lateinischen Grammatikern vermittelt wurden, sind für die klassische Zeit und auch für ihre romanisch beeinflußte Weiterentwicklung bekannt. Für eine beträchtliche Anzahl der Schriftzeichen, z.B. für die Vokalzeichen <a e i o u>, die Zeichen für Sonorlaute <l r m n> und viele Geräuschlaute wie <p t c k s> stehen also die meisten lautlichen Merkmale auch in spätlateinischer Verwendung eindeutig fest. Bei der Lautbestimmung können wir mit diesen Gegebenheiten rechnen (Penzl 1971, S. 29). Die Schreiber der althochdeutschen Periode wählten zur Wiedergabe eines deutschen Lautes den lateinischen Buchstaben, der in der Aussprache des Lateinischen dem deutschen am ähnlichsten war. Für Laute, für die das Lateinische keine Entsprechung hatte, behalfen sie sich mit Buchstabengruppen (Digraphien oder auch Trigraphien) (Penzl 1971, S. 29). Die Variation der Schriftzeichen, die in den ahd. Handschriften zu finden ist, wurde im Frühneuhochdeutschen auch mit der Erfindung des Buchdrucks mit beweglichen und gegossenen Lettern durch Johannes Gutenberg nicht beseitigt. Es gibt Drucktypen von verschiedener Größe und Gestalt. Majuskeln werden zuerst syntaktisch, dann auch lexikalisch gebraucht (2.2.), und Fremdwörter werden oft typographisch durch Antiquadruck innerhalb eines Frakturlsatzes unterschieden.[1]

Bei der homographischen Analyse der Texte beginnen wir mit der Feststellung des Zeicheninventars und seiner Verteilung in An-, In- und Auslaut und der Zeichenvarianten. Schreibungsoppositionen können anzeigen, welche Schriftzeichen oder Zeichenfolgen systematisch Opposition ausdrücken. Bei Minimalpaaren besteht direkte Schreibungsopposition, z.B. <thůn> (Infinitiv) und <thon> (Ton) (Ick. S. 127), <gab> (3. Pers. sg. Präteritum) und <gåb> (Gabe), <eer> (Ehre) und <ồr> (Öhr) (Kol. S. 67), <Schad> (Schaden) und <schat> (Schatten) (Fab. S. 33), <Thier> (Tier) und <thür-> (Tür-) (Hel. S. 17) usw. Aus solchen Paaren ergibt sich die Opposition von <ů> und <o>, <a> und <å>, <ee> und <ō̆>, <d> und <t>, <ie> und <ü>. Von diesen Zeichenoppositionen mit Bedeutungsunterschied müssen Beispiele für direkte Zeichenvariation unterschieden werden. Darunter ist verschiedene Zeichenwahl bei der Schreibung derselben Morpheme mit gleicher Bedeutung zu verstehen, z.B. <v̲a̲st> neben <v̲h̲ast> (fast) (Ick. S. 125), <vn̲d> neben <vn̲n̲d> (und) (Kol. S. 65), <z̲u> und <z̲c̲u> (zu) (Fab. S. 25), <za̲len> und <zaa̲len> (Zahlen) (Hel. S. 36). Von der direkten Zeichenvariation ist wiederum der direkte Zeichenwechsel, der stets bedingt ist, zu trennen.

Da wir mit Texten aus verschiedenen geographischen Gebieten arbeiten, die mit Ausnahme von Helbers **Syllabierbůchleins** zeitlich zu einander passen, ist ein diagraphischer Vergleich von selbst gegeben. Er ermöglicht oft die eindeutige Festlegung von Schreibungsopposition und das Erkennen von indirekter Variation, indirektem Wechsel und Zusammenfall oder Überschneidung von Zeichen (Penzl 1971, S. 31-34). Zu den Ickelsamer Texten wurde da, wo es relevant erschien, auch seine Rothenburger Flugschrift (1525) herangezogen.

3.1 Die Vokalzeichen

Neben den lateinischen Zeichen für die Vorder- und Hinterzungenvokale <i e a o u> gab es im deutschen Schreibungssystem <y>, einen aus dem Griechischen übernommenen Buchstaben, der vor dem Frühneuhochdeutschen nur gelegentlich (Penzl 1984, S. 38), dann aber sehr häufig statt <i> verwendet wurde. Da das

Deutsche Vokalphoneme und Vokaltypen hat, für die es im Lateinischen keine entsprechenden gibt, reichten die einfachen Vokalzeichen des lateinischen Alphabets nicht aus. Die fünf Grundzeichen wurden bereits in althochdeutscher Zeit zur Diphthongbezeichnung miteinander verbunden und später modifiziert, um Umlaute in der Schriftsprache zu kennzeichnen, was zu einer beträchtlichen Zeichenvermehrung geführt hat. Bei der Analyse der Texte ist die Bezeichnung von Lang- gegenüber Kurzvokalen, Umlautsvokalen und von Diphthongen von besonderem Interesse.

3.1.1 Lang- und Kurzvokale

Die Vokalzeichen des lateinischen Alphabets <i e a o u> werden für Kurz-und Langvokale verwendet. Helber zählt zu den fünf Grundzeichen auch <ŭ> und <y>, sodaß er im Gegensatz zu den anderen Lesemeistern sieben "Selblautende" Buchstaben angibt. <y> steht in direkter Variation mit <i> im An-, In- und Auslaut. Wir finden Belege in allen Texten: <stimm> neben <stymm> (Ick. 1537, S. 135), <sillaben> neben <syllaben> (Ick. 1534[2], S. 57), <sy> (S. 55) neben <si> (1534, Bl. C6b), <glich> (Kol. S. 66) neben <glych> (S. 71), <im> (Fab. S. 2) neben <ym> (S. 1). Helber schreibt nur <Syllabier->, <Sylben> regelmäßig mit <y>, da "Diser Character" einem <i> entspricht, der "zubrauchen vnnȯtig ist in Worten die nicht aus Griechischer sprach hergeflossen" (S. 20). Als Zeichenvariante wird <j> neben <i> und <v> neben <u> im Anlaut regelmäßig in den Texten gebraucht: <jm>, <vnd>, <vber> (Ick. 1537, S. 120,

1534² S. 54), <jnnhalt>, <vff> (Kol. S. 65), <vngeuerlich> (Fab. S. 10), <jrer> (Hel. S. 4), <vnterschiedenem> (S. 1). Bei Helber finden wir es als zweite Komponente des Diphthongs <ei> in <ejn> (S. 7). Fabritius variiert bei vokalischem Anlaut <i> nur mit <y>: <ych> (S. 10), <yr>, <yn> (S. 2). Die Kurzvokale sind im Anlaut und Inlaut, in Stamm- und Nebensilben (hauptsächlich in Ableitungssilben) belegt: <allem>, <es>, <ich>, <vnd> (Ick. S. 120), <offt> (S. 123), <mangel>, <selbs>, <wissen>, <soll>, <stuck> (S. 120)¹⁵, aber mit Ausnahme von <e> (<jre>, <lere> (S. 120)) nur selten im Auslaut. In den meisten Fällen handelt es sich dabei um Fremdwörter oder Namen mit lateinischer Flexionsendung. Bei Ickelsamer finden wir <Syntaxi>, <Grammatica> (S. 120), <Musica> (S. 53), <Cicero> S. 125). Fabritius zeigt <u> im Auslaut bei enklitischer Stellung des Personalpronomen 'du': <soltu, wiltu, kanstu> (S. 2). In Nebensilben sind Kurzvokale belegt in: <aigenschafft>, <regiment> (Ick. S. 123), <Biblischer>, <anzyehung> (Kol. S. 65). In einigen Superlativformen, die sonst mit <e> geschrieben werden, ist altes <i> erhalten, besonders bei Ickelsamer: <nützisten> (S. 122), <schweristen> (S. 133), <geleristen> (1534, Bl. A5b), <rechtist> (1534², S. 53), <kürzist> (S. 52>. Eine direkte Variation zwischen <e> und <i> in der Flexionssilbe finden wir in Ickelsamers **Rechten weis** in den Formen <Gottes> (Bl. B4b) und <Gottis> (Bl. B5a) (4.3). Kolroß zeigt einen Beleg im Partizip Präteritum des schwachen Verbs mit <i>: <nützit> gegenüber <prediget> (S. 86). <e> wechselt mit <ů> in der Präposition <zů> bzw. <ze>, die hauptsächlich vor Infinitiv, oft zusammengeschrieben, vorkommt: <zůvertryben>, <zeschicken> (S. 65), <zů

reden> (S. 66), <ze̱ wissen> (S. 67) (s. 4.4). Zur Bezeichnung von Vokalkürze dient vor allem Verdopplung des Folgekonsonanten, obwohl dies in den Texten nicht konsequent durchgeführt ist. Es stehen Formen nebeneinander wie <nit>, <nitt> (Ick. S. 124), <mit>, <mitt> (S. 121), <stym>, <stimm> (S. 154, 135); <glat>, <glatt> (Kol. S. 67, 70), <stil>, <still> (S. 73), <als>, <alls> (Fab. (S. 25), <lasen>, <lassen> (S. 1, 2), <wan>, <wann> (Hel. S. 13), <Gedruckter>, <gedruket> (S. 1, 29). Alle Texte haben Belege für <vnnd>. Doppeltes <-nn> im Auslaut findet sich besonders oft bei Fabritius <merckenn> (S. 9), <werdenn> (S. 3), <habenn> (S. 8), <gesehenn> (S. 42), <alwegenn> (S. 4), <eynn> (S. 3), <vonn> (S. 8), ist aber auch bei Ickelsamer und ganz vereinzelt bei Helber belegt: <findenn> (Ick. 1534², S. 53); <deinn> (Hel. S. 38). Abweichend vom Neuhochdeutschen ist <nidder> (Ick. S. 53), <odder> (Ick. S. 53, Fab. S. 2), <widder> (Ick. S. 59, Fab. S. 21), md. Formen, die nur bei Fabritius und in Ickelsamers **Rechten weis** vorkommen, ebenso <vatter> (Ick. 1537, S. 144, Bl. B5a; Fab. S. 12), das auch bei Kolroß steht (S. 73) und <übertrettung> (Ick. S. 157), <vertråtter> (Kol. S. 82), <getretten> (Hel. S. 25).

Während Kolroß "dupplierung der bůchstaben" (S. 72) empfiehlt, "da mit die reed dester bass verstanden werd/", lehnt Ickelsamer Doppelschreibung als Bezeichnung von Stärke oder Länge am Silbenende ab, da man in <hafften>, <lefftzen>, <teüffel> keine Doppellautung hört (S. 155). Für Kolroß besteht die Regel:

> ein yeder bůchstab (ludt vnd heimlich) der in der reed vnd im vßsprechen starck/ vnd langsam geet/ den soll man duplieren/ das ist/ zwyfach oder doppel na̍beneinander schryben (S. 72).

Ickelsamer scheint sich direkt gegen Kolroß zu wenden, wenn er schreibt:

> Ain schentlich weis ists/ das man schier in allen wőrtern gedupelte bŭchstaben setzet/ da nur der ainig von nőten ist/ Es geben vnd machen auch etliche Regel dauon/ das wa ain bŭchstaben in ainer silben aines worts starck lauten soll/ so soll man den selben duplieren oder zwifach setzen/ Da dunckt mich aber anders/ vnd halts also/ das nach art vnd vermőg der laut vnd stymm/ ain bŭchstab zehen mal gesetzt/ kainen sterckern laut geb/ dann so er nur ainmal gesetzt würd/ ... Es ist vnd kumbt on zweyfel solche sterck der silben mehr von dem lautbŭchstaben/ dann von dem duplierten mit=stymmer/ als in den wőrtlin den vnd denn/ ... (S. 154-55).

Fabritius läßt Doppelkonsonanz im intervokalischem Inlaut zu, ohne eine Beziehung zur Quantität der Vokale herzustellen, obwohl er sich sonst prinzipiell dagegen ausspricht (S. 4, 8). Helber behandelt das Thema ausschließlich im Zusammenhang mit Silbenstruktur und Worttrennung (S. 13).

Lange und kurze Vokale werden unter Anleitung der antiken Grammatik schon im 16. Jahrhundert unterschieden (Jellinek 1914, S. 36). Zur Bezeichnung von Länge dienen einfache Folgekonsonanz <le_r_en> (Ick. S. 120), Doppelschreibung <z_aa_l> (Kol. S. 64) und Verwendung von <h> <m_eh_r> (Hel. S. 8). Bei dem Vokal <i> wird Länge durch <ie> gekennzeichnet <d_ie_se> (Fab. S. 4). Akzentzeichen, die schon in ahd. Zeit bei Notker und oft in mhd. Handschriften vorkommen (â, ê, î, ô, û), werden in den Texten nicht als Längebezeichnung verwendet. Langvokale kommen im Anlaut, Inlaut und Auslaut von Stammsilben vor: <_a_ber> (Ick. S. 120), <_ee_r> (Kol. S. 67), <_y_hr> (Fab. S. 3), <_o_hn> (Hel. S. 5), <_u_ß> (Kol. S. 65), <v_a_ter> (Ick. S. 124), <l_ee_r> (Kol. S. 65), <z_i_rt> (Fab. S. 6), <gr_o_ß> (Hel. S. 15), <g_u_ter> (Fab. S. 1), <j_a_> (Ick. S. 125), <w_ee_> (Kol.

S. 72), <di̲e̲> (Fab. S. 2), <wo̲> (Hel. S. 15), <du̲> (Kol. S. 70). Die Schreibung läßt die Opposition zwischen <e> in <le̲ß-> (Ick. S. 156) und <Me̲ß> (S. 121), <a> in <ma̲ß> und <na̲ß> (Hel. S. 15), <i> in <si̲n> (Kol. S. 76) und <mi̲t> (S. 64), <o> in <go̲n> (S. 72) und <go̲t> (S. 67), <u> in <gru̲ss> (Fab. S. 1) und <mu̲ss> (S. 13) nicht erkennen.

Kolroß unterscheidet als einziger "zweyerley ... i im a b c" (S. 70), "namlich eins kurtz/ das ander lang/ (das kurtz also i. das lang also y. gestaltet)." Das y erfüllt die Funktion des Doppelvokals bei lang i̲, die er sonst für <a> <ha̲ar> und <e> <ge̲en> empfiehlt. Für <a> kennt er außerdem eine Variante <å>, die nur in seinem Text als besonderes Schriftzeichen belegt ist: <språch> (S. 64) neben <spra̲ach> (S. 68). Er weist darauf hin, daß in der schweizer Schreibung und Aussprache <aa> also <Scha̲af> gilt, während in "ettlichen enden zwey <oo> <Scho̲of>" geschrieben wird (S. 67). Fabritius schreibt <scho̲f> (S. 37). Im ENchiridion steht <håchtüdtscher> (S. 65) in direkter Variation mit <ho̲chtüdtschen> (S. 68). In allen Texten finden wir Zeichenvariation zwischen <a> und <o>, besonders vor Nasal, die eher aus den alemanischen oder schwäbischen Lokaldialekten stammen: <sta̲n>, <sto̲n> (Fab. S. 3, 2), <ga̲dt>, <go̲dt>, (Kol. S. 68, 70), <ia̲r>, <jo̲r> (Kol. S. 88, 65), <da̲mit>, <do̲mit> (Hel. S. 11, 12), <wa̲> (Ick. S. 124), <wo̲> (1534[2], S. 54). <tho̲n> (getan) (Ick. S. 142) und <tho̲n> (Ton) (S. 127) zeigt Graphemzusammenfall in <o>. Im Rothenburger Flugblatt (1525) finden wir Schwankung in den Formen <la̲ß>, <lo̲ß> (S. 42, 46).

Kolroß zählt <å> zu der Gruppe der Umlaute, bzw. Diphthonge, da man "zween stimmbůchstaben haben/ vnd bruchen můß" (S. 66). Bei <o> läßt er Doppelvokal oder <h> als Längebezeichnung zu, das vor oder nach dem Vokal stehen darf, z.B. <loon> neben <lohn>; <u> dagegen wird nie duppliert: <khum>, <schuhm>, <suhmen> usw. (S. 72). <i> und <y> werden im Text nicht konsequent geschieden. Selbst in seinen Beispielen schreibt Kolroß die Personalpronomen <min>, <sin> regelmäßig mit <i>, obwohl er sonst <schryben>, <blyben> vom Partizip Präteritum <geschriben>, <bliben> trennt. Im Text finden wir direkte Zeichenvariation in <glich> (S. 66) und <glych> (S. 71), und die Präposition <im> (S. 64) ist nicht vom Personalpronomen <im> (S. 71) geschieden.

Ickelsamer, der sich gegen Doppelschreibung aller Art wendet, weist darauf hin, daß sich Vokal und Konsonant auf verschiedene Art binden, eine Erscheinung, die von der modernen Phonetik als scharf und schwach geschnittener Akzent bezeichnet wird (Jellinek 1914, S. 37). Ickelsamer schreibt:

> wa man den laut lang vnd wol dehnet/ vnd nit halb dauon abschnapt/ da verzeret sich vnnd verschwindet durch solchen deütlichen laut/ die scherpff des nach geenden bůchstabens/ als Man/ den/ Wa man aber behend vnd gleich mit ainem gewalt vnd sturmm über den laut auff den mitstymmer springt/ als im Mann/ dann/ da man den laut auß behender nennung kaum hŏrt/ geschicht ain solche scherpff oder sterck der zwaier zůsamen geschlagner mitstymmer/ dann die lautbůchstaben sein waich/ vnd wa man sy lang zeühet/ machen sy ain waiche stymm/ Die mitstymmer aber sein scharpff/ da rumb geben sie solche sterck/ gleych wie man zway harte ding/ stain/ holtz oder eysen auf ainander stost (S. 155).

Daß er <Man> als Beispiel für Langvokal verwendet, muß auf Schreibungs-aussprache beruhen. Er spricht sich auch energisch gegen die Verwendung von

<e> nach <i> (S. 142) aus und verwirft <h> (S. 154) als Längeangabe, da die meisten Schwierigkeiten haben festzustellen, "wa es in ainer silben aigentlich gebraucht solt werden/" (S. 154). Die Inkonsequenz in den Texten muß auf die Drucker zurückgehen. Helber behauptet, daß Länge und Kürze der Vokale am besten in den Diphthongen wahrgenommen wird, da "in den Diphthongen eigenlich der eine Vocal lenger vnd sterker dan der andere pronunciert wirdt" (S. 19). Dazu zählt er Beispiele auf, "welliche auch bei denen mit ie gedruckt werden, die das e wenig oder gar nit aussprechen: Krieg, die, sie, diener, spiegel, liecht," usw. (S. 19).

Wie wenig geregelt die Längebezeichnung im 16. Jahrhundert ist, beweist die direkte Schreibungsvariation, die in allen Texten belegt ist: <neme>, <nehmen> (Ick. S. 121, 157), <mer>, <mehr>, <mher> (Fab. S. 10, 9, 42, 7), <zal>, <zaal> (Kol. S. 65, 64), (steen>, <stehn> (Hel. S. 4, 9). Die Unsicherheit der Lesemeister und Buchdrucker in der Orthographie zeugt davon, daß die Entwicklung zur Normung der regionalen Schriftdialekte und später zu einer überregionalen, einheitlichen Schriftsprache noch lange nicht abgeschlossen ist.

3.1.2 Umlautsvokale

Umlaut wird im Frühneuhochdeutschen durch Modifizierung der Grundzeichen <a o u> ausgedrückt. Ickelsamer beschreibt neben den fünf Vokalen "in der Teütschen rede vast noch drey laute," die in der Schriftsprache mit "klainem überschribnem /e/ oder tipflin verzaichnet/" vorkommen, und da sie "schier lauten wie das /a /o /u / werden sie auch mit disen drey bůchstaben geschriben/ also / å̊/ o̊/ ů/ oder ä/ ö/ ü/" (S. 126). Er bedauert, daß sie keine eigenen Schriftzeichen haben und besteht darauf, daß man sie in der Orthographie sorgfältig von den anderen Vokalen unterscheidet, "das mans recht wiste zu lesen" (S. 127). Fabritius nennt Umlaut eine Schwächung der "lauten buchstaben" und gibt neben den erwähnten Schriftzeichen auch Digraphien <ae oe ue ve> (S. 9) an, die jedoch im Druck seines **Nutzlich buchlein** nicht belegt sind. Wir finden folgende Formen bei ihm: <wär>, <må̊r>, <mörsel>, <mo̊chte>, <müngck>, <rücken> (S. 11). Kolroß und Helber zählen die Umlaute zu den Diphthongen, was ein sehr unklares Bild gibt. Für Helber sind alle Di- oder Trigraphien, einschließlich Doppelschreibung von Vokalen, Diphthonge. Er beschreibt jedoch nur Umlaut von a und o als Digraphie <ae>, <oe> und bemerkt, daß sie eigentlich nicht "zwihellig" sind (S. 23), eine Beobachtung, die Kolroß entgeht. Kolroß unterscheidet zwei Arten von Diphthongen, Digraphien und die übergeschriebenen, von denen letztere "jren vrsprung von anderen worten/" haben, bei denen "im anfang a o ou vnnd u ..." steht (S. 68). <ou> kann hier ein Druckfehler für <ů> sein, da er in seinen Beispielen Formen angibt, die Morphemwechsel von <ů> zu <ü>, also <bůb>, <büblin> zeigen. Im ganzen zählt er zu dieser Gruppe die folgenden Schriftzeichen : "å̊. å̊. o̊. ů. ů. ů. oder ü" (S. 66).

Für den Umlaut ü hat Kolroß fünf verschiedene Zeichenvarianten: u mit einem übergeschriebenem i, <ů>, u mit zwei Punkten oder zwei "strichlin" darüber, <ü> oder <ü> und u mit zwei verschiedenen Wellenlinien: <ǔ> und <û>. Sie deuten an, "daß es ein u vnd nit ein n sey" (S. 67), Zeichen die sich in der Schrift und im

Druck ähneln. Aus seiner Erkärung geht nicht klar hervor, ob <ü> nur den Laut ü oder auch u oder beide Laute bezeichnet.[2] <ü> ist das von Helber bevorzugte Zeichen für den Umlaut, <û> sieht er als eine Variante der Drucker, wenn sie nicht genug Typen für <ŭ> haben sollten (S. 20). Bei ihm finden wir im Text <ŭ>, <ü> neben weniger häufigem <û>: <gebûrg>, <ver=bûrgen> (S. 5), <Nûßlein> (S. 15). Da der Umlaut nicht regelmäßig geschrieben wird, finden wir im Anlaut Variation mit <v>: <vber>, <vbel>, <vppig> (Hel. S. 11). Ickelsamer kennt <y> als Zeichen für <ü> bei "ettlichen teütschen", "als in disen wörtlin kyssen/ myl/" (S. 126). Er selbst verwendet es in den Formen <yeben> (S. 125), <yebung> (S. 137), die in direkter Variation zu <vngeübt> (S. 149) stehen. Kolroß ist sich bewußt, daß "an vil enden" (S. 68) für <ü> <eü> geschrieben wird, d.h. für <ül> <Eül>, für <fhür> <feür>, daneben aber auch einfaches <ü> in vielen Wörtern benutzt wird, <überlingen>, <wüschen>, <müller> (S. 68).

Bei Fabritius und in der Faksimileausgabe der **Rechten weis** von Fechner steht regelmäßig <å ö û>, also <gånse> (Bl. A7a), <köpff> (Bl.A2a), <nûtz> (Bl. A1b), während Müller (1882) dafür <ä ö ü> druckt: <nütz>, <köpff> (S. 53) und <gänse> (S. 56). Fabritius schreibt <ö> einmal in einem Beispiel, <mörsel> (S. 11), in der Namenliste der **Rechten weis** finden wir <Cöln> (Bl. D 4a). In Ickelsamers **Grammatica**, und bei Kolroß steht <û> für den Umlaut des Diphthongs uo, geschrieben <ů>. Bei Helber ist <û> in dieser Funktion nur selten belegt (-büchlein im Titel), da er dafür <üe> schreibt: <Büechlins> (S. 3), <grüessen> (S. 35) usw. <å> kommt im **Syllabierbüchlein**, in der **Grammatica** und bei Fabritius verhältnismäßig selten vor: <wår> (Fab. S. 43), <månner> (S. 13), <tåglich> (S. 2), <ainfåltigen> (Ick. 1537, S. 123), <nåmlich> (S. 120), <schwår> (S. 124), <nåhener> (Hel. S. 4), <ånlich> (S. 11), <ståts> (S. 39). Es steht meistens in direkter Variation mit <e>, also <wer> (Fab. S. 1), <menner> (S. 12), <teglich> (S. 7), <ainfeltigest> (Ick. S. 127), <nemlich> (S. 152), <schweren> (S. 156), <neher> (Hel. S. 19). Wie ersichtlich, wird auch bei morphologischem Wechsel mit a-Formen durchaus nicht regelmäßig <å> geschrieben. Bei Kolroß besteht ein Konflikt, da er das Umlautszeichen <å> auch für offeneren e-Laut gegenüber <e> für geschlosseneren, historischen Umlautsvokal, verwendet: <såhen>, <gelågen> (S. 86), <låsest> (S. 76>, <ynhår> (S. 70) gegenüber <lenger> (S. 77), <stetten> (Städte) (S. 86), <ynschlecht> (einschlägt) (S. 79) usw. Alle Texte zeigen Spuren davon, daß es an regelmäßiger distinktiver Umlautsbezeichnung mangelt, am häufigsten das **Nutzlich buchlein** bei Umlaut <ü>, z.B. <Burger> (S. 1), <nutzlich>, <buchlein> (S. 1), <fur> (S. 4), <funff> (S. 9).

3.1.3 Diphthonge

> Diphthongus ist ein Ghriechisch wörtlin vnd haißt ain zwilautende silben/ oder ain zwifacher laut ainer silben/ da baide lautbůchstaben/ auff ain silben gehört werden/ ...

schreibt Ickelsamer (S. 142). Kolroß nennt sie "doppel stimmbůchstaben" (S. 69) und Helber "Dopelstimmer" (S. 21), während Fabritius lediglich darauf hinweist, daß "drey sprachen gefurt werden durch dyse nach folgenden lauten buchstaben, als ai ey au" (S. 32).

In den schriftlichen Quellen des 16. Jahrhunderts werden die Diphthonge durch Digraphien wiedergegeben, eine Schreibtradition, die auf die ahd. Zeit zurückgeht. Die Schreiber verwendeten ursprünglich die vokalischen Grundzeichen des lateinischen Alphabets, um die Lautwerte der Phonemverbindungen auszudrücken. Mit der Veränderung der zweiten Komponente uo>[uə], ie>[iə] ging später das eindeutige Verhältnis zwischen dem Schriftzeichen und den Diphthongteilen verloren, und die Digraphie wurde zum Zeichen für den ganzen Diphthong (Penzl 1984, S. 39). Daraus ist vielleicht die Unsicherheit von Kolroß und Helber zu erklären, die zur Definition eines Diphthongs alle vokalischen Digraphien zählen (s. 3.1.2), denn sie scheinen ausschließlich vom Schriftbild, nicht dem entsprechenden Lautwert, auszugehen.

Die Zahl der von den Lesemeistern erwähnten Diphthonge schwankt zwischen drei bei Fabritius, "ai ey au" (S. 32), fünf bei Ickelsamer, "au eu ei ai ou" (S. 142), acht bei Kolroß, wenn wir uns auf die beschränken, die "nãbeneinander" gesetzt sind: "ai. ei. oi. ie. au. eu. ou. vnnd õi." (S. 69) und fünfzehn Diphthongen "Vngleicher Vocale" bei Helber: "Ae, ai, au: Ei, eu, eü: Ie: Oe, oi, ou: ue, ui, uo: üe, üi" (S. 22). Ickelsamer und Fabritius erwähnen die Digraphien "ie ů ü̊" nicht, Kolroß zählt <ů>, <ü̊> zu den "übergeschriebenen" Diphthongen, die wie erwähnt, nicht von Umlaut geschieden sind. Mit Ausnahme von Fabritius **Nutzlich buchlein** sind sie als Schriftzeichen in allen Texten belegt.

Die Lesemeister sind sich bewußt, daß diese Diphthonge "nit an allen ortē zůgleich gebraucht" werden (Ick. 1534, Bl. C6a). Helber zeigt besonderes

Verständnis für die Beziehung der Diphthonge zu den einzelnen Druckersprachen. Er teilt sie auf Grund von Schreibung und Aussprache der Diphthonge <ai, ei, au> in drei Gruppen, die "Mitter Teŭtsche", "Donawische" und "Höchst Reinische". Dem "mitterteŭtschen" <ei> entspricht in einem Teil der Wörter das "donawische" <ai> (mhd. ei), im einem anderen <ei> (mhd. î), für das im "Höchstrheinischen" <y> gilt. Höchstrheinisch <ei> entspricht mhd. ei. Dem mitterteutschen und donawischen <au> entsprechen höchstrheinisches <ou> (mhd. ou) und <u> (mhd. û). Wir finden die gleichen Verhältnisse, wenn auch nicht immer so eindeutig, in den Schreibungen der vorliegenden Texte reflektiert.

Die Diphthonge kommen im Silbenanlaut, -inlaut und -auslaut vor. Für die zweite Komponente, die nicht akzentuiert ist, stehen <y> bei <ey, ay> und <w> bei <ew, aw> in direketer Variation zu <ei, ai>, <eu, au>. Jedoch in der Rothenburger Flugschrift wird <ei> durchgehend für mhd. î, <ey> für mhd. ei geschrieben: <gleichen, seinem, leicht; eynem, gemeyn, vrteyl> (S. 42). Der Diphthong <ai> ist nur regelmäßig in Ickelsamers **Grammatica** (1537) belegt, obwohl vereinzelte Beispiele in allen Texten vorkommen, meistens in Variation zu Formen mit <ei>: <ainer>, <gemainen> (S. 120), <zway> (S. 127), <Bairn> (1534, Bl. A7a), <gaist> (1534², Bl. E2b), <Baierländisch> neben <Beieren> (Hel. S. 23, 24), <Maister> neben <Meister> (Fab. S. 13), <ain> neben überwiegend <ein> (Kol. S. 70, 65). Er weist darauf hin, daß "ay fürnämlich in Schwaben geschrieben" wird. <ei> kommt fast ausschließlich bei Fabritius, Helber und in der **Rechten weis** vor: <eins> (Fab. S. 1), <Keiserischen> (Hel. S. 1), <bey> (Ick. S. 55). In der **Grammatica** entspricht <ei, ey> vor allem mhd. î, für das Kolroß <y> schreibt: <eylendts> (Ick. S. 124), <bleiben>, <drey> (Ick. S. 125, 124), <blybt> (Kol. S. 78), <dryerley> (S. 65). Aber auch Ickelsamer ist in der Unterscheidung der beiden Diphthonge <ei> <ai> nicht konsequent. Im Druck finden wir <geist> <einem> (S. 156), <heym> (S. 153), <geheimnus> (S. 157). Da die meisten Unregelmäßigkeiten am Ende des Texte vorkommen, erregt es fast den Eindruck, daß der Drucker der Sache müde wurde, Ickelsamers Schreibung in seine Druckersprache umzusetzen.

<au, aw> ist die Regel in allen Texten, <auch>, <auß> (Ick. S. 120), <augen> (Fab. S. 43), <paur> (S. 17), <gebrauch> (Hel. S. 1), <Fraw> (S. 10), mit Ausnahme von Kolroß, bei dem es nur in der Verbindung <auw>, <blauw>, <grauw>, <klauwe> (S. 69, 69, 70) und in Namen lateinischer Herkunft belegt ist: <Augustinus, Aurelia, Claus> (S. 69). Er schreibt dafür sonst <ou>, <ouch>, <ougen>, <frowen> (S. 64, 65, 65), oder <u>: <uß> (S. 65), <pur> (S. 70), <bruchen>, <lut> (S. 66), usw.

Für <eu> ist in den Texten eine Anzahl von verschiedenen Zeichen belegt. Kolroß schreibt für <eu, eü, ew> <ü>: <ül> (Eule) (S. 67), <tütscher> (S. 64) <pürlin> (Bäuerlein) (S. 67), <lüdt> (S. 77), <Nüwen> (S. 64). Es entspricht im Mhd. den Umlauten von û und iu, die zusammengefallen sind (Penzl 1969, S. 76). Für den Umlaut vom Diphthong ou schreibt er ausnahmslos <o̊u, o̊uw>, <wytlo̊ufftig>, <fro̊uwlin> (S. 87, 70), usw. <eu> ist lediglich in der Form <freud> (S. 70) belegt. Helber erwähnt in seiner Behandlung der Diphthonge, daß <eu> dem höchstrheinischen <o̊u>, <eü, eŭ> dem <ü> entspreche (S. 29), jedoch ist dies in der Variation der Schreibung von <Teutschen>, <Hoch-

teütschen> (S. 3), die auch bei Ickelsamer belegt ist, nicht bestätigt. Auch bei Fabritius und in der **Rechten weis** werden die Zeichen nicht differenziert. Fabritius schwankt zwischen <freündtlichen> S. 1), <freundtlicher> (S. 3), <frůndtschafft> (S. 16) und <frundt> (S. 1), Ickelsamer schreibt <weitleüfftig> (1534[2], Bl. A2b), <vndeütschen> (Bl. A3b) mit dem gleichen Zeichen. <eu, ew, euw> wechseln bei Fabritius in <treulich> (S. 1), (trewlich> (S. 32), <treuwen> (S. 41), während Ickelsamer <vngetråwen> (Bl. A4b) schreibt. Andere Beispiele in den Texten sind <euch> (Fab. S. 1), <heuth> (Häute) (S. 38), <creüz> (Hel. S. 36), <neüe> (S. 22), <sew> (Ick. S. 125), <leüdt> (Ick. 1534, Bl. A4a).

Obwohl die Digraphie <ie> bei allen vier Lesemeistern belegt ist, steht der eindeutige Zusammenhang zwischen dem Schriftzeichen und Diphthong nicht mehr fest. Aus den "umgekehrten" Schreibungen bei Fabritius und Ickelsamer (**Die rechte weis** und **Clag etlicher brüder**), d.h. aus der Wahl eines Zeichens, das nicht mit seinen historisch entsprechenden Prägraphien noch den allgemein üblichen Postgraphien übereinstimmt, geht hervor, daß <ie> Längezeichen für den Monophthong /i:/, mhd. ie, geworden ist. Es besteht indirekte Zeichenvariation bei <vil> <viel> (Ick. S. 53), <ziehen> <zihen> (S. 54), <dise> <diese> (S. 55, 53), <sieh> (Ick. 1525, S. 46), <geschriben> <geschrieben> (Fab. S. 4, 3), <hier> <hir> (S. 4, 3), <brieff> <briffs> (S. 9), wobei die zuerst zitierte Form den historischen Laut widerspiegelt. Helber bestätigt diese Entwicklung, wenn er schreibt, daß <ie> auch bei denen gedruckt wird, die die zweite Komponente des Diphthongs "wenig oder gar nit ausspreche͞" (S. 19). Da Ickelsamer sich gegen die Verwendung von e als Längebezeichnung von i ausspricht (S. 142), ist anzunehmen, daß er die monophthongierte Aussprache von <ie> nicht kennt. Die Belege in der **Rechten weis** und in der Flugschrift müssen auf die Praxis der Drucker zurückführen.

Bei Kolroß, Helber und in der **Grammatica** finden wir folgende Beispiele für <ie>: <ye> (Kol. S. 69), <lieplich> (S. 79), <die> (S. 64), <liecht> (Hel. S. 19), <anfiengen> (S. 15), <hievor> (S. 24), <hiesse> (Ick. S. 121), <liebe> (S. 124), <nye> (S. 131), daneben aber auch nicht historisch <vieh>, <vnterschiedenem> (Hel. S. 31, 1).

Parallel zu <ie> läuft die Entwicklung der Diphthonge uo, üe geschrieben <ů>, <ů> <můter>, <Bůchlein> (Ick. S. 120), außer bei Helber, der dafür mit wenigen Ausnahmen <ue>, <üe> <mueter> (S. 34) <Büechlins> (S. 13) benutzt. Für den aus uo monophthongierten Laut wird das traditionelle Schriftzeichen <u> <guten> (Ick. 1534², Bl. B5a), das dem Lautwert entspricht, übernommen. Für üe gilt weiterhin <ů> <rechenbůchlin> (Fab. S. 1), im Flugblatt <ü> : <brüder> (S. 41). Müller (1882) ersetzt es durch <ü> <Büchlin> (S. 53). In der Schriftprache fallen also die neuen Langvokale mit denen, die durch Dehnung in offener Silbe entstanden sind, zusammen: <liess> (Fab. S. 7), <diese> (S. 6), <guter> (S. 1), <yugent> (S. 21). Umgekehrte Schreibung beweisen den Vorgang auch für uo > u:, z.B. <gedrůckt> (Fab. S. 44; Ick. 1534², S. 53), neben <gedruckt> (Ick. S. 64), <truck> (Kol. S. 65), <Getruckt> (Hel. S. 1), <gůrgel>, (Ick. in Fechner 1882, Bl. A3b) <gurgel> (Ick. in Müller 1882, S. 54), <Kůnige> (Bl. C1b). Die Digraphie wird in diesen Drucken nicht mehr mit dem Diphthong verbunden. Bei Fabritius sind sonst

Formen mit <ů> nicht belegt, dagegen finden wir einige Beispiele in der **Rechten weis** mit historischem Diphthong: <fůsse> (Bl. B8b), <můs> (Bl. E3a), <schůl> (S. 58) neben <mus>, <Schulen> (S. 53). In der **Clag etlicher brüder** steht <wů> (S. 42) für <wo>.

Bei Kolroß und in der **Grammatica** ist <ů> mit wenigen Ausnahmen die Regel: <můß> (Kol. S. 65; Ick. S. 120), <thůn> (Ick. S. 120), <versůchnuß> (Kol. 87) dagegen <versuchen> (Ick. 1537, S. 156), <zů> (Kol. S. 64, Ick. S. 120). Helber schwankt zwischen <uo>, <ue> und <u>: <Bůchstaben> (S. 4), <buech> (S. 34) <Buchstaben> (S. 12); <muß> (S. 15), <mueß> (S. 13), <zu> (S. 1), <zuehören> (S. 3), wobei <ů> die Ausnahme ist.

3.1.4 Zusammenfassung

Aus der Besprechung der Schreibungen in den Texten ergibt sich, daß wir es mit verschiedene Zeichensystemen zu tun haben. Kolroß ist deutlich der Außenseiter in der Gruppe. Seine Schreibungen geben Aufschluß über die Entwicklung der neuhochdeutschen Schriftsprache, indem sie die ältere Stufe historisch gleicher Grapheme (und Phoneme) reflektieren. So sind die Diphthonge <ie, ů, ů> Prägraphien zu nhd. <ie[i:] u[u:], ü, u[ü:]>, die Langvokale <y, u, ü> Prägraphien zu nhd. <ei, ey, au, eu>, <ou> ebenfalls Prägraphie zu nhd. <au> in Schreibungen bei Fabritius. <ie> und <ů> erfahren Schreibungsumwertung an Stelle eines Schreibungswandels, d.h. die alten Grapheme vertreten bei ihm neue Lautwerte. <ie> dient zur Längeangabe des Vokals. In allen Texten kann

Vokallänge durch Doppelschreibung oder durch <h> angedeutet sein, Vokalkürze durch Verdopplung des Folgekonsonanten. Der Umlaut ü̲ wird nicht immer geschrieben.

<å> bezeichnet bei Kolroß jeden offenen e-Laut, mhd. ä, æ und ë̲, während es sonst meist auf den Sekundärumlaut beschränkt ist. <au>, <eu> zeugen von Graphem- und Phonemzusammenfall von o̲u̲ mit dem aus u̲ː, bzw. von o̊u mit dem aus ü̲ː entstandenen neuen Diphthongen. <a> und <o> wechseln in der Schreibung auf allen Gebieten. Bei <å>, das nur bei Kolroß vorkommt, ist das Einzelzeichen durch diakritischen Zusatz modifiziert worden, um eine lautliche Annäherung der Vokale gegeneinander anzudeuten.

Ickelsamer und Helber haben mit Fabritius die Diphthongzeichen <au, ei, eu> gemeinsam, mit Kolroß <ie, ů, ů, bzw. ue, üe>. Ickelsamer unterscheidet als einziger systematisch <ei, ai>. Die Druckersprache des **Nutzlich buchleins** und von Ickelsamers **Rechten weis** stehen am anderen Ende des Spektrums. In der Schreibung der neuen Langvokale <ie, u, ü (ů)> und der Diphthonge <ei, au, eu> sind sie der im Entstehen begriffenen Gemeinsprache am nächsten, auch wenn der Prozess noch lange nicht zum Abschluß kommt.

Die Analyse der Vokalzeichen der Texte ergibt vier unterschiedliche Systeme, die sich jedoch zum Teil überschneiden. Die folgende Tabelle stellt eine Zusammenfassung des in den Texten belegten Zeicheninventars für das Frühneuhochdeutsche des 16. Jahrhunderts dar. Sie entspricht nur insofern einer artikulatorischen Beschreibung der Vokale, als sie die Grapheme in hoch, mittel, niedrig und vorne gegenüber hinten einordnet. Bei der Vielzahl der Zeichen war es organisatorisch einfacher, Lang- und Kurzvokale unter einem Graphem anzugeben, wobei das erste Beispiel den Langvokal, das zweite den Kurzvokal zeigt. Nur bei <a> habe ich die Reihenfolge geändert. <å> ist über <a> gesetzt, um das Verhältnis zu <o> auszudrücken. Beispiele aus den Texten in derselben Anordnung folgen in der zweiten Tabelle.

ZEICHENSYSTEM DER VOKALE

	vorne		hinten	Diphthonge		
Hoch	< i j y ie	ü ü̊ ŭ v	u v	ie	ů üe ŭe ye	ů ue
Mittel	e ee ä å	õ ö 	o oo å	ei ey	eu eü eŭ eů ew euw õu õuw åw	ou ow ouw
Niedrig	a		a aa	ai ay	au aw auw >	

BEISPIELE DER VOKALE

	vorne		hinten
Hoch	dİsem (I) mİt (I) İm (K) İn (I) zẏt (K) ẏnn (F) vİel (Ia)	über (K) würdt (I) Schülern (F) günstiger (F) herrüren (H) vber (H)	gut (F) mus (Ia) vrsprung (I) vnd (I)
Mittel	lesen (Ia) lernen (Ia) leer (K) wär (F) schwär (I) verständlichs (K)	getöns (H) möchte (F) mörsel (F)	on (F) got (F) goodt (K) sprach (K)
Niedrig	man (H)		namen (I) zaal (K)

I = Ickelsamer
Ia = <u>Rechte weis</u>
K = Kolroß

F = Fabritius
H = Helber

AUS DEN TEXTEN

Diphthonge

li̯echt (K)	Bŭcher (K)	thŭn (I)
	grüessen (H)	mu̯eter (H)
	Bŭecher (H)	
	y̯eben (I)	

e̯in (I)	e̯uch (F)	ou̯ch (K)
	Te̯ütchen (I)	
be̯y (F)	-te̯ütschen (H)	fro̯wen (K)
	weitle̊ŭfftig (Ia)	
	getre̯wlich (Ia)	ho̯u̯wen (K)
	tre̯uwen (F)	
	o̊uglin (K)	
	frŏuwlin (K)	
	vngetrå̯wen (Ia)	

a̯in (I)		a̯uch (I)
ta̯y̯l (I)		fra̯wen (F)
		bla̯u̯w (K)

3.2 Die Konsonantenzeichen

Wie bei den Vokalen, so ist auch bei den Konsonantenzeichen das lateinische Alphabet mit den bekannten Lautwerten seit althochdeutscher Zeit die Grundlage zur Wiedergabe der deutschen Phoneme. Bei Lautwerten, die sich vom Lateinischen unterscheiden, wie die Affrikaten, waren an einfachen Buchstaben nur <z> und <k> brauchbar. Im Deutschen, wurde <z> zum Teil das Zeichen für eine Affrikata, <zz> bis ins Spätmhd. das Zeichen für den Zischlaut. Die Verwendung von <z> und <s> für zwei Zischlaute in Opposition zueinander läuft parallel mit der Entwicklung im Altfranzösischen (Penzl 1984, S. 40). Zu den Zeichen, deren Laute aus dem Lateinischen bekannt waren, zählen die Liquide l r, Nasale n m, die Halbvokale i und u, auch j und v geschrieben, deren Zeichen eine enge Beziehung zu den Vokalen i und u ausdrücken, die Verschlußlaute b d g p t c k q und die stimmlosen Reibelaute f s und h. Die Zeichen der Verschlußlaute drückten ursprünglich Stimmhaftigkeit und Stimmlosigkeit aus, nicht lenis oder fortis Artikulation (Penzl 1984, S. 40). Da Digraphien zur lateinischen Schreibtradition gehörten, lag es nahe, sie auch auf das deutsche System zu übertragen: für die Affrikaten pf kh und die palatale oder velare Spirans ch. Doppelschreibung für lange oder Fortislaute geht auf die phonotaktische Verwendung für zwei Phoneme zurück, z.B. an der Silbengrenze bei Zusammensetzungen (Penzl 1984, S. 40).

3.2.1 Verschlußlaute

Die lenis und fortis Verschlußlaute (Medien und Tenues), zu denen Ickelsamer als graphische Variante von <k> auch <q> zählt, sind in den Texten im An-, In- und Auslaut belegt. Für die labialen Laute b̲, p̲ finden wir folgende Beispiele: <B̲üchlein> <geb̲en> <hab̲> (Ick. S. 120), <B̲ib̲el> <lob̲> (Kol. S. 64, 65), <B̲urger> <lieb̲er> <schreyb̲> (Fab. S. 1), <b̲ey> <Ob̲erer> <Silb̲> (Hel. S. 4, 5), <P̲ronomen> <haup̲twörter> (Ick. S. 121, 120), <p̲ryß> <dop̲p̲el> <kap̲> (Kol. S. 65, 66, 68), <p̲redig> <ap̲p̲lasz> <angehap̲t> (Fab. S. 12, 25, 16), <p̲rüfen> <op̲s> (Hel. S. 13, 30) usw. <b> und <p> stehen in direkter Variation in den Formen <geb̲ot> (Ick. 1534², S. 52) gegenüber <gep̲ot> (S. 60) <hüp̲sch> (Ick. 1537, S. 127) gegenüber <hüb̲scher> (Ick. 1534², Bl. E1a), <lieb̲licher> (Ick. 1537, S. 121) gegenüber <liep̲lich> (Kol. S. 79). Formen mit vom Neuhochdeutschen abweichendem <p> im An- und Auslaut vor Dental sind besonders häufig bei Fabritius und Kolroß belegt: <p̲aur> <p̲it> <p̲rauch> <p̲reit> <angehap̲t> (Fab. S. 17, 1, 7, 40, 16), <p̲ur> <aep̲heuw> <anhep̲t> <blyp̲t> (Kol. S. 70, 76, 78) usw. Anlautendes <b> finden wir in allen Texten belegt: <b̲rüfen> (Ick. S. 133), <b̲ryßen> <geb̲rißen> <gb̲laget> (Kol. S. 71, 80), <b̲appyr> <b̲ensel> (Fab. S. 2, 9), <b̲eukenschlager> (Hel. S. 31), das jedoch auf die mhd. Nebenform <bûke> mit Ablaut <bouke> zurückgeführt werden kann (Kluge[20] 1967, S. 536).

<b> ist außerdem im Auslaut nach Kurzvokal in der Graphemfolge <mb> üblich <vmb̲>, <darumb̲> (Ick. S. 130, 124), <drumb̲> (Kol. S. 76), wo es in einigen Fällen mit <mm> variiert: <umm̲> (Ick.S. 144, 152; 1534, Bl. B3b)

<drumm> (Kol. S. 89). In umgekehrter Schreibung ist es in den Formen <frummb> <nemb> (Ick. S. 151, 133) und nach Langvokal auch in dem Ableitungssuffix <-thumb> belegt (Hõrzogsthumb> (Hel. S. 6). Helber weist darauf hin, daß <b> in dieser Auslautsverbindung stumm ist und von "Etlichen" durch <m>, also <Lamb, Lamm>, ersetzt wird (Hel. S. 6). Anders zu beurteilen ist <b> oder <p> in nicht historischer Stellung zwischen Nasal <m> und Dental <d, t>, vereinzelt vor <s>: <frembde> <-berümbter> <kumbt> <nymbt> (Ick. S. 124, 121, 120,), <kumpt>, <sampt> (Ick. S. 131, 120), <geweermbt>, <kompt> (Kol. S. 73, 72), <berumpten> (Fab. S. 13), <sambt>, <nimpt>, <versaumpt> (Hel. S. 1, 9), <embsig> (S. 6). Hier erfüllt es die Funktion eines Gleitlautes, der die Artikulationsweise von Nasal und Explosivlaut überbrückt.

Die Graphemverbindung <ph> ist in griechischen Lehnwörtern belegt und entspricht im Lautwert einem <f> (Ick. S. 140), (Kol. S. 76): <physik, triumphirn> (Hel. S. 9), <Pharao, Phariseer> (Kol. S. 76), <Joseph> (Fab. S. 5) usw. Kolroß weist darauf hin, daß es früher auch für die Affrikata <pf> verwendet wurde: <phund/phennig> (S. 76), eine Praxis, die Fabritius als "vnrecht" bezeichnet (S. 5). Die labiale Affrikata wird im Anlaut als Graphemfolge <pf> geschrieben. Sie kommt im In- und Auslaut oft mit verdoppelter zweiter Komponente <pff> vor: <pfleget> (Fab. S. 10), <scharpffer>, <kopff> (Ick. S. 128).

Die graphische Variation, die wir bei den Vokalen fanden, gilt auch für die Konsonanten. Bei den dentalen Verschlußlauten stehen neben <d>, <dd>, <t> und <tt> die Digraphien <dt> und <th>. <d>, <t> und <th> kommen in allen Stellungen vor, während Doppelkonsonaten und die Digraphie <dt> sonst auf den In- und Auslaut beschränkt sind: <der>, <rede>, <mund> (Ick. S. 121), <durch>, <vntercheydung>, <kynd> (Kol. S. 65); <teylen>, <guter>, <pit> (Fab. S. 1), <Teutschen>, <getruckt>, <mit> (Hel. S. 1, 3); <thůn>, <åthumbs>, <rath> (Ick. S. 120, Kol. S. 85, Hel. S. 38); <odder>, <hedde>, <wadd> (Fab. S. 2, 39, 18), <dritten>, <Gott> (Kol. S. 65). <dt> kommt besonders häufig nach Nasal und Liquid vor: <hyrdt>, <gründtlichen>, <niemandts> (Ick. S. 123, 120, 127), wird aber auch nach Vokal geschrieben: <godt (geht), lüdt, nodt> (Kol. S. 72, 77, 73), <stadt, Stedt, godt (Gott)> (Fab. S. 25, 5, 12). Bei Fabritius ist sogar eine Trigraphie, <Landthfürsten> (S. 6), zu finden.

Es besteht Unsicherheit bei den Lesemeistern in der Schreibung von <dt>. Fabritius spricht sich für <dt> aus, um anzuzeigen, daß das Wort "mittelmesig" ausgesprochen wird (S. 16), stellt es aber jedem frei, sich selbst zu entscheiden. Kolroß, der sich für Doppelschreibung einsetzt, wo ein Laut "gantz starck ußgesprochen" wird, will <th> oder <dt> in Fällen, wo ein t "nit ganzt starck/ ouch nit gar lind [sein] ußsprechen" hat (S. 74). Fabritius dagegen bezeichnet die Verwendung von <th> als einen "großen mißbrauch" (S. 7) und läßt es nur bei Eigennamen zu. Ickelsamer scheint gegen Kolroß zu polemisieren, wenn er sich emphatisch gegen <dt> äußert, das er für "vnrecht vnnd vngeschickt" hält, da "ye kain stym ... zů gleich mitainander ... den linden vnd herten laut/ des /d/ vnd /t/" haben kan (S. 154). Es kommt jedoch bei ihm fast regelmäßig in Verbalformen vor: kündt (könnte) (S. 121, 154), <würdts> (S. 120, 121, 122, 123) usw. Beide

Authoren warnen vor der Vermengung der Verschlußlaute b/p, d/t ("pater" nicht "bader", "noster" nicht "noßder" (Ick. S. 132). <th> ist oft vor oder nach Langvokal belegt, was eine Beziehung zur Längebezeichnung nahelegt: <thůn>, <rath> (Ick. S. 120, 142), <geeth>, <steeth> (Kol. S. 72), <guther>, <noth> (Fab. S. 1, 10), <gethőn>, <Thier> (Hel. S. 5, 17).

<d> und <t> stehen in direkter Variation miteinander im An- und Auslaut bei <deutschen>, <Teutschem> (Fab. S. 1, 2), <druck>, <truck> (S. 1.), <grund>, <grunt> (S. 6, 23), mit <th> und <dt> in <wurd>, <wurt>, <wurth> (S. 10, 4), <mund>, <mundt>, <muntlich> (S. 15, 14, 15). Fabritius zeigt die Mehrzahl der im Anlaut abweichenden Formen (vom Neuhochdeutschen her beurteilt): <dantz> (S. 31), <dapfer> (S. 43), <Dőringen> (S. 1); <taumen> (S. 2), <toppelen> (S. 3), <tringen> (S. 2), aber sie kommen auch bei Ickelsamer und den anderen Lesemeistern vor: <deufel> neben <teüffel> (Ick. S. 153, 132), <gedöne> neben <thon> (S. 127), <tråhet> (S. 134), außerdem <vnder-> und <vnter> (Hel. S. 4, 11), <hinden> (Kol. S. 81) und <zehende> (S. 89). Konsonanteneinschub und -zugabe nach Nasal ist, wie bei den labialen Verschlußlauten, beinahe die Regel: <Axt> (Ick. S. 125), <aygentlich>, <yetzt> (S. 121), <niemandts> (S. 127), <selbst> (S. 133), <dannocht> (S. 149>, <dennocht> (S. 121). Sie werden neben den alten Formen gebraucht: <Ax> (S. 125), <yetz>, <ordenlich>, <wesenlich> (S. 121). Sie sind auch in den anderen Schriften belegt.

Bei den velaren Verschlußlauten <g> und <k> finden wir folgende Verteilung: <g> ist in allen Stellungen belegt: <grosse> (Ick. S. 121), <mőgen> (Kol. S. 65),

<einig> (Hel. S. 25), mit vereinzelter Doppelkonsonanz bei Beispielen von Helber im In- und Auslaut <eggen>, <roggen>, <Haggen>, <brügge>, <hinwegg> (Hel. S. 8, 20, 8) und mit Variation der Di- bzw. Trigaphie <gk> <gck>. Sie findet sich bei allen vier Autoren: <anfengklich> (Ick. S. 126), <Schnågken> (Kol. S. 73), <Jungckfrawen> (Fab. S. 33), <brugk (Brücke)> (Hel. S. 5). <gk> steht außerdem in direkter Zeichenvariation mit <ck>: <anfencklich> (Ick. S. 134), <Schnåcken> (Kol. S. 73), <rücken> gegenüber <rügken> (Fab. S. 11). Kolroß verwirft Doppelkonsonanz <gg> und verlangt dafür <gk>, da in "tüdtscher språch nimmer/ oder gar selten c. g. k. düppliert werden/" (S. 74). Ickelsamer schreibt <Ghriechen> (S. 125) regelmäßig mit <gh>, was in direkter Zeichenvariation zu <Kriechisch> bei Kolroß steht (S. 65). Im In- und Auslaut wechselt die Schreibung zwischen <g> und <ch> in den Formen <negst> (Fab. S. 5), <nechst> (S. 4), <einig>, <einicher> (Hel. S. 25). Sie stehen in direkter Opposition zueinander in <tach> (Hel. S. 8), <tag> (S. 39), und <verbichen> (Hel. S. 8), <biegen> (S. 13).

Der fortis Verschlußlaut <k>, der in Opposition zur Lenis <g> steht, zeigt Variation im Anlaut mit <c>, <ch>, <q>. <c> ist auf einige Worte im Anlaut beschränkt, gewöhnlich steht <k>. <creutz> ist die Ausnahme, es ist nur mit <c> belegt: (Fab. S. 4, Hel. S. 36, Ick. S. 156), sonst wechselt die Schreibung mit <k>, z.B. <ercleren> (Hel. S. 29), <erkläret> (Ick. S. 120). Fabritius empfiehlt es bei Namen <Claus, Clara, Collen> (S. 4) und schließt auch die Digraphie <ch> im Anlaut mit ein: <Chur> (S. 4). Kolroß erweitert die Liste der Beispiele mit <Chor>, <Churfürst>, <Christus>, <Cherubin> usw. (S. 76). Helber setzt

<ch> im Anlaut <kh> gleich (S. 7), das in den Texten sehr selten zu finden ist und nach Kolroß Vokallänge kennzeichnet <k̲hucht> (S. 76), <k̲hum> (S. 72). Fremdwörter werden allgemein im An- und Inlaut mit ursprünglichem <c> geschrieben: <Grammatic̲a> (Ick. S. 120), <C̲oncordantias> (Kol. S. 64), <lec̲tion> (Hel. S. 9) usw., auch in Anlautsverbindungen nach Konsonant: <sc̲rupel-> (Hel. S. 17). <q>, das nur in Verbindung mit <u> vorkommt, ist nur in wenigen Beispielen im Silbenanlaut belegt: <q̲uelen> (Hel. S. 39), <q̲ueck> (Ick. S. 130), <beq̲uåmlicher> (Kol. S. 68). Im "westfälischen" schreibt man dafür <kw>: <kwemlich>, <kwellen> (Fab. S. 17).

Doppelkonsonanz wird mit <ck> ausgedrückt. Fabritius verlangt es nach Kurzvokal und nach Liquid im In- und Auslaut: <ac̲ker>, <starc̲k>. Abweichend vom Neuhochdeutschen überwiegt es in allen Texten nach Sonorlauten, wo es fast regelmäßig gebraucht wird; <volc̲k, werc̲k> (Ick. S. 121), <gedenc̲ken> (S. 123), <merc̲ken> (S. 129).

3.2.2 Reibelaute

Zu den "mitlautenden Buchstaben" oder "mitstymmern" zählt Ickelsamer Sonor- und Reibelaute. Die Reibelaute <f> und <s> zeigen Zeichenvariation, die stellungsbedingt ist. Für <f> steht im Anlaut <v>, im wortinneren Silbenanlaut, besonders bei intervokalischer Stellung, <u>: <dau̲on> (Ick. S. 123), <zu̲uerstehn> (S. 121) neben <f> <zůfellig> (S. 121). Sie sind völlig gleichwertige Zeichen für denselben labialen Reibelaut. Die mhd. Schreibregel, daß gewöhnlich <f> vor Liquiden und <u, uo, iu, ü> und <v> vor allen übrigen Vokalen steht (Moser 1929, S. 60), wird in den Drucken des 16. Jahrhunderts nur teilweise berücksichtigt. <f> vor l, r wird von den Lesemeistern empfohlen, im Text jedoch nicht regelmäßig durchgeführt: <vleissig> (Ick. 1534², S. 55), <fleyssig> (Ick. S. 124), <vleis> (S. 149). Es variieren <folgen> und <volgen> auf derselben Seite (S. 53), ebenso im inneren Anlaut <nachuolgen> (S. 53) neben <nachfolgen> (S. 54). In einigen Fällen steht <h> anlautend nach v, also <vhast> (Ick. S. 125) neben <vast> (Ick. S. 123), aber abweichend von Kolroß' Empfehlung vor Kurzvokal.

Neben anlautendem <f> bzw. <v> ist der Reibelaut im In-und Auslaut in direkter Schreibungsopposition belegt: <ofenloch> gegenüber <offen>, <hoof> gegenüber <hoff>, <hafen> gegenüber <hafften> (Kol. S. 73). Bei Ickelsamer, der Doppelkonsonanz nur an der Silbengrenze erlaubt, wo die Konsonanten zu beiden Silben gehören, also hof=fen, aber kau=fen, finden wir dennoch direkte Schreibungsvariation zwischen <oft> (S. 122) und <offt> (S. 123), <auf> (S. 123, Hel. S. 12) und <auff> (S. 121, Hel. S. 10). <ff> steht also nicht nur nach Kurzvokal, sondern auch nach Diphthong, sowie Langvokal und Konsonant: <Schaff> (Ick. S. 129), <fünff> (S. 125), <ergryffen> (Kol. S. 71), <wårffen> (S. 89), <taffel> (Fab. S. 10), <Dorffer> (S. 6), <Vorhoff> (Hel. S. 20), <helffen> (S. 11).

Deutlich ausgeprägte, stellungsbedingte Zeichenvarianten zeigt der Sibilant <s>. Das "runde" Schluß-s steht nur im Auslaut, das "lange" s <ʃ> im An- und Inlaut. <s> und <z> werden als Digraphie <sz> oder als Ligatur <ß>

kombiniert, um den stimmlosen Fortislaut auszudrücken und wechseln mit <ss>, <s> im In- und Auslaut. Kolroß schreibt dafür auch die Verbindung <sß>. In den Texten finden wir folgende Belege: <sagen>, <disem>, <das> (Ick. S. 120), <dißer> (Ick. 1525, S. 42), <gewiser> (1537, S. 123), <wissen> (S. 120), <vngewiß> (S. 124), <Ros> (Pferd) (S. 137), <Roß> (S. 133); <lasen>, <laßen> (lesen) (Kol. S. 65), <rossen> (Pferde>, <roßen> (Rosen) (S. 73), <isß> (S. 73), <maß) (S. 65), <wysß> (weiß), <wyßen> (weisen), <wyssen> (weiß machen) (S. 71), <der massen> (S. 69), <diss> (S. 70), <spiss> (Spieß) (S. 73); <hosen>, <hoszen> (Fab. S. 21), <las> (laß), <lasz> (S. 32), <lesen> (S. 1), <leßen> (S. 9), <leszen> (S. 12), <lasen> (lassen) (S. 1, 2), <fleiss> (S. 1), <fleiß> (S. 12), <fleisz> (S. 22); <diß> (Hel. S. 11), <grüessen> (S. 35), <geiselen> , <geißlen> (S. 25). Bei Fabritius ist dreimal <daz> belegt (S. 2, 7, 11), das außer der Abkürzung <dz> und <wz> sonst in den Texten nicht vorliegt. <z> steht regelmäßig für die Affrikata.

Ickelsamer wendet sich gegen den Gebrauch von <s> mit <z>, "also ß", als "vngeschickt vnd on not" (S. 154), das aber trotzdem in allen seinen Werken gedruckt steht, selbst im Silbenauslaut bei Kontraktionen, z.B. <anß> (S. 154), <manß> (S. 148), <auß> (S. 120), <biß> (S. 152), <deß> (S. 133). Im Rothenburger Flugblatt wird die Konjunktion <daß> fast regelmäßig von dem Artikel <das> geschieden, eine Tendenz, die die anderen Texte nicht zeigen.

Im Anlaut steht <s> in Verbindung mit p und t für den Schibilanten [ʃ], der sonst mit der Trigraphie <sch> bezeichnet wird: <språch> (Kol. S. 64), <steht> (Ick. S. 121), <schreyb> (Fab. S. 1). Auch vor Sonorlauten steht <sch>

regelmäßig. Ein einziges Beispiel für Variation von <sch> mit <s> vor Liquid ist bei Fabritius belegt <slecht> (S. 2) neben <schlechte> (S. 23), ein zweites in intervokalischer Stellung <zyset> (zischt?) (S. 17). Kolroß tadelt diese Schreibung und weist darauf hin, daß sie in "hochtüdtschen landen" nicht üblich ist (S. 80). Ickelsamer beklagt sich über die Kombination der drei Buchstaben <sch>, von denen keiner dem eigentlichen Laut entspricht. Er würde ein Graphem, wie es im Hebräischen zu finden ist, der Trigraphie vorziehen (S. 138-139).

Für die dentale Affrikata, die von den Lesemeistern als Verbindung von [ts] verstanden wird, gelten die Zeichen <z> und <c> (vor Palatalvokal <e>, <i>). Sie sind im Lautwert einander gleich. Im Anlaut und auch im Inlaut steht bei Lehn- und Fremdwörtern <c>, <Cifer> (Kol. 64), <Centner, circkel, citieren, citron> (Hel. S. 6), <spacieren>, <scepter>, <-proceß> (Hel. S. 6). Sonst finden wir im In- und Auslaut für die Affrikata die Digraphie <tz>: <gantzer, nutz> (Ick. S. 120); <behertzigt> (Kol. S. 65), <katz> (S. 69); <gesetzt> (Hel. S. 4), <platz> (S. 9). Manchmal ist bei Helber das einfache <z> auch im Inlaut: <schmirzen> (S. 8) und auslautend in der Zusammensetzung <yezgedachte> (S. 29). In allen Texten sind Belege von <ts> statt <tz> in den Formen <letst> (Ick. S. 129), <letsten> (Kol. S. 65), bei Ickelsamer in umgekehrter Schreibung an der Silbengrenze <seltzamer> (S. 122). <lesten> (Hel. S. 9) zeigt Zusammenfall des Graphem <z> mit <s>. Demgegenüber variiert Fabritius im An- und Inlaut <z> <tz> mit der Graphemfolge <zc> oder <cz>: <zu>, <zcu> (S. 2), <czeyen> (S. 8), <yeczundt> (S. 18).

Als Phonemverbindung g͟s oder k͟s wird <x> von Ickelsamer, Kolroß und Fabritius beschrieben. Es ist nur selten belegt: <Ax̱t> (Ick. S. 125), <tex̱t>, <hăx̱enmeyster> (Kol. S. 64, 78), sonst nur in Fremdwörtern und griechischen Namen: <Ex̱emplum> (Kol. S. 67), <X̱antus>, <X̱erx̱es>, <X̱enocrates> usw. (S. 78). Fabritius dagegen führt in seiner Wortliste ausschließlich Beispiele mit <x> auf, die auf synkopierte Formen mit Präfix <ge-> an der Morphemgrenze zurückführen: <X̱undt>, <X̱ang>, <X̱otten>, <X̱altzen> usw. (S. 28). Diese Praxis wird von Kolroß streng abgelehnt.

Das Schriftzeichen <h> ist in allen Stellungen belegt: <hŏ̱her> (Ick. S. 123), <befelẖs> (Ick. 1534², S. 54), <eẖr> (Kol. S. 65), <bloẖst> (S. 72). Bei der Beschreibung des Lautwertes von <h> gibt Fabritius lediglich Beispiele mit anlautendem <h> an: <ẖosen>, <ẖasz>, <ẖoltz> (S. 17). Und auch Ickelsamer will <h> nur geschrieben sehen, "wa es gantz deütlich ainen laut auß hauchet/ also/ ha/ he/ hi/ ho/ hu" (S. 154). Aber er kennt die Artikulation von <h> auch im Inlaut, in Silben, "die man scharpff vnd gleych mit ainem gehauchten athem" ausspricht, wie "weẖren/ steẖn" (S. 154). Helbers Beschreibung stimmt mit Ickelsamer überein. Er zählt zu den Beispielen, in denen das <h> "starck aus zu sprechen" ist, neben Silbenanlaut, intervokalisches <h>: <staẖel, flieẖen, zieẖen, eẖer> (S. 8) usw. Daneben gilt <h> jedoch auch als Längebezeichnung der Vokale (s. 3.1.1).

Im In- und Auslaut steht <h> in Opposition mit dem velaren Reibelaut <ch>. Im Gegensatz zu Ickelsamers Form <hŏ̱her> (S. 123), steht bei Fabritius und Helber <hoc̱hen> (Fab. S. 12), <hŏc̱her> (Hel. S. 39). Im Auslaut finden wir abweichend vom Neuhochdeutschen bei Fabritius <sa*ch*> (sah) (S. 41), das sich nicht von <sa*ch*>, in der Bedeutung "Sache", bei Ickelsamer (1534², S. 54) unterscheidet. Vor Dental wechselt <ch> <geschi*ch*t> (Fab. S. 37), das auch bei Ickelsamer belegt ist (S. 124), mit intervokalischen <h> bei Helber <geschi*h*et> (S. 5). Bei Ickelsamer wechseln <si*ch*t> (1534², S. 54) mit <si*h*et> (S. 136) und <sie*h*et> im Rothenburger Flugblatt (S. 46). Sonst ist der velare Reibelaut <ch> in In- und Auslautstellung in allen Texten belegt: <Ra*ch*en> (Ick. S. 125), <au*ch*> (S. 120), <li*ch*tli*ch*> (Kol. S. 73).

3.2.3 Sonorlaute

Von den Sonorlauten zeigt das *r* eine Variante <ʒ>, die von den Lesemeistern im Alphabet angegeben wird (Ick. S. 127), (Kol. S. 66), (Hel. S. 4). Sie steht in direkter Variation für denselben Laut: <Gʒammatica>, <Gramatic>, <schʒeiben>, (Ick. 1534, Bl. A2a), <sch*r*eyber>, <woʒther>, <fabʒitius> (Fab. Titel). Bei Müller (1882) und Meier (1895) wird regelmäßig <r> geschrieben. Fabritius erwähnt das Zeichen nicht, bei Helber steht es wie bei Ickelsamer im In- und Auslaut <roʒ> (S. 20), als zweite Komponente bei Doppelschreibung <Her*ʒ*en> (Hel. S. 21). Die Liquide *l, r* sowie die Nasale *m, n* sind in allen Stellungen belegt, im In- und Auslaut oft nach Kurzvokal mit Doppelschreibung: <*l*esen>, <des-se*l*ben> (Ick. S. 120), <so*ll*> <zaa*l*> (Kol. 64); <*R*echenmeiste*r*>, <Bu*r*ge*r*>, <her*r*> (Fab. S. 1); <*m*a*n*>, <*n*ame*n*>, <de*m*> (Ick. S. 120), <sti*mm*en> (Fab. S. 7), <y*nn*> (S. 1). Die Nasale werden auch als Abkürzung durch einen Strich oberhalb der Zeile bezeichnet (s. 2.3.1).

Ickelsamer beschreibt neben labialen und dentalen einen velaren Nasal, der durch die Schreibung <ng> ausgedrückt wird, obwohl man "weder das /n/ noch das /g/ volkomlich [hört]/, sonder man hŏrt auß jrer zůsamen schmeltzung vil ain ander gethŏn vnd stimm ..." (S. 139). Er ist auf den In- und Auslaut beschränkt: <ma<u>ng</u>el>, <la<u>ng</u>> (Ick. S 120), <di<u>ng</u>en> (Kol. S. 65). Im mittelbaren Auslaut wechselt die Schreibung zwischen <ngk>, <nck>: <anfe<u>ng</u>klichen> (S. 126) neben <anfe<u>nck</u>lich> (S. 137), <ju<u>ngk</u>frowen> (Kol. S. 65). Fabritius schreibt zum Teil dafür <ngck>: <anfe<u>ng</u>cklich> (S. 22). Für den Velarnasal vor <u>k</u> schreibt er umgekehrt <ng> in <gede<u>ng</u>kest> (S. 11)

Die Halbvokale <u>j</u>, <u>w</u> sind in den Drucken nicht streng nach vokalischer und konsonantischer Funktion geschieden. <j> wird im Anlaut geschrieben, wo es mit <i> in direkter Zeichenvariation steht: <<u>j</u>m>, <<u>i</u>m> (Kol. S. 65, 71), <<u>j</u>nnhalt> (S. 64), <<u>i</u>a> (S. 82) neben <<u>j</u>a> (S. 65), <<u>i</u>ar> (S. 88) neben <jor> (S. 65), <<u>j</u>ede> (Hel. S. 14). <w> ist regelmäßig im Anlaut belegt <<u>w</u>eis>, <<u>w</u>orden> (Ick. 1534², S. 52), <<u>w</u>issen> (Ick. S. 120), im In- und Auslaut steht es neben <u>, meistens als zweite Komponente des Diphthongs <ou> <au> <eu> (s. 2.1.3). Bei Fabritius finden wir noch <ru<u>w</u>en> (S. 11), bei Helber <E<u>w</u>ig> (S. 9), bei Ickelsamer <gerů<u>w</u>en> (S. 158) und einen Beleg für <w> als Vokal in <k<u>we</u>> (1534², S. 56). Die Lesemeister beschreiben die Halbvokale trotz graphischer Überschneidung mit den Vokalen <i> und <u> als Laute mit Reibelautcharakter: <j> entspricht einem "halben g" (Kol. S. 75), <w> ist "ein mittelding zwischen f, vnd aller Volckern b" (Hel. S. 9). Fabritius schreibt im

Anlaut überwiegend <y>: <yar> (S. 12), <yamer> (S. 20), <yhe> (S. 7), <yungen> (S. 3), neben einzelnem <i> in <iungen> (S. 1), <veriagen> (S. 23), <j> in <jha> (S. 25). Nach <y> steht häufig <h>: <yhe> (S. 7), <zweyhen> (S. 3), aber auch nach i <linihen> (S. 10) und j <jha> (S. 25). Bei Ickelsamer und Kolroß finden wir <h> nach <j> im Anlaut von Formen wie <die jhenigen> (Kol. S. 65), <jhenem> (Ick. S. 135) usw., wo es den konsonantischen Charakter des Halbvokals hervorzuheben scheint. In direkter Variation zu intervokalischem <y> steht <h> in <bemühyend> (Kol. S. 65) und <mühe> (Ick. S. 123).

3.2.4 Zusammenfassung

Zusammenfassend läßt sich sagen, daß im Gegensatz zu den Vokalen, die graphische Variation der Konsonantenzeichen keine wesentlichen Unterschiede zwischen den Texten zeigt. Bei den Verschlußlauten werden b/p, d/t im Anlaut nicht immer streng getrennt, im Auslaut bestehen Schwankungen, besonders bei den Dentallauten, was eine gewisse Unsicherheit der Autoren bei der Auslautsverhärtung bezeugt. Schreibung von <dt>, zum Teil auch <th>, und <gk> für den velaren Verschlußlaut können als ein Versuch zur Bezeichnung der Auslautsverhärtung gesehen werden. <dt> kommt im Inlaut häufig nach Nasal, Liquid und Langvokal vor.

Doppelschreibung ist für die Lenislaute kaum belegt. <pp> kommt nur selten vor im Gegensatz zu <tt>, <ck>, den Reibelauten <ff>, <ss>, sowie den Nasalen <mm>, <nn> und Liquid <ll>. Bei den Verschlußlauten und den

Reibelauten ist es möglich, daß sie jeweils den Fortislaut andeuten. Sonst kann Doppelschreibung einfach Vokalkürze in der geschlossenen Silbe anzeigen. Bei Kolroß finden wir historische Trennung von Lenis /f/ und Fortis /ff/ in der Schreibung und einen Versuch, die Schreibung von <s>, <ß> und <ss> zu regeln. Die Ligatur <ß> ist eine Modifizierung der Diagraphie <sz>, die gleichwertig neben dieser gebraucht wird. Für die Affrikata <z> zeigt nur Fabritius neben inlautendem <tz> Varianten. Die Graphemfolge <kh> ist nur bei Kolroß belegt. <h> dient dazu, im Inlaut Vokallänge anzuzeigen, was jedoch nicht konsequent durchgeführt ist.

Die nachfolgende Tabelle ist ein Versuch, die belegten Schriftzeichen für die Konsonanten des 16. Jahrhunderts zusammenzufassen und soweit wie möglich artikulatorisch anzuordnen. Ein Bindestrich gibt Beschränkung auf An-, In- oder Auslaut an, wobei eine Klammer die zweite Stellung andeuten soll. Die entsprechenden Beispiele aus den Texten sind in derselben Anordnung angeführt:

ZEICHENSYSTEM DER KONSONANTEN

		labial	dental	palatal	velar
Verschlußlaute					
	Lenis	< b	d, -dt(-), -dth(-)		g, gh-, -gk(-), -gck(-)
	Fortis	p	t, th		k, c, ch- -ck(-), q-
Reibelaute					
	Lenis	f, v -u, ph	(-)f-, s, -sz(-), -ß, -sß(-), -z		h
			(x[ks])		
	Fortis	-ff(-)	-ss(-)		-ch(-)
			sch, s-		
Affrikaten		pf, -pff(-)	c, z, zc, cz, -tz(-)		kh-
Sonorlaute					
	Nasale	m	n		-ng(-)
	Liquide	l	r, -ɾ (-)		
	Halbvokale	w		j-, y-, i-, (-)yh-	>

BEISPIELE DER KONSONANTEN

		labial	dental
Verschlußlaute Lenis		Bi<u>b</u>el (K)	<u>d</u>ises (H) grün<u>dt</u>lichen (I) Lan<u>dth</u>- (F)
Verschlußlaute Fortis		<u>p</u>redig (F)	<u>t</u>eu<u>t</u>sche (I) <u>th</u>un (I)
Reibelaute Lenis		<u>f</u>ertiger (H) <u>v</u>il (H) zu<u>u</u>oran (K) Pro<u>p</u>heten (I)	<u>s</u>elbs (I) le<u>sz</u>en (F) le<u>ß</u>en (K) wy<u>ß</u> (K) da<u>z</u> (F) (te<u>x</u>t (K))
Reibelaute Fortis		o<u>ff</u>en (K)	wi<u>ss</u>en (I) ent<u>sch</u>iden (H) <u>s</u>lecht (F) <u>s</u>prach (H)
Affrikaten		<u>pf</u>erdt (F) ko<u>pff</u> (I)	<u>c</u>ifer (K), <u>z</u>u (H) <u>zc</u>u (F) <u>cz</u>wenczig (F) nü<u>tz</u>liche (I)
Sonore Nasale		<u>m</u>an (K)	<u>n</u>amen (I)
Sonore Liquide		<u>L</u>ieber (F)	<u>r</u>athes (F) ro<u>z</u> (H)
Sonore Halbvokale		<u>w</u>ils (F)	

I = Ickelsamer   F = Fabritius
K = Kolroß   H = Helber

AUS DEN TEXTEN

palatal	velar
	gantze (K) Ghriechen (I) brugk (H) wenigck (F) Kürtzung (K) creutz (F) chor (K) queck (I)
hoher (I)	
	hochen (F) geschicht (I,F)
khucht (K)?	
	langsameren (H)
jor (K) iungen (F) yedenn (F) zweyhen (F)	

ANMERKUNGEN

1. Meichßner (1538), S. 160 schreibt "uokales/ diphthongi/ consonantes/ liquidae/ und aspirate/" in Antiqua innerhalb der sonst benutzten Frakturschrift.

2. Kolroß schreibt vom ü: "Dise stimm würt wol in fünfferley wyß geschriben/ namlich also/ u̇ ü ü̈ ŭ û vnd ist alles nur ein ding/ ußgenommen wo das u glich einem n geschriben ist/ do macht man ein sőlich zeychen drob also ŭ/ oder also û zůbedüten/ dz es ein u vnd nit ein n sey/ drumb solt du das u recht schryben/ namlich oben offen/ vnnd das n vnden offen/ wie in allen trücken gesähen würt/ so darffst du nichts drob setzen" (S. 68).

4. DIE AUSSPRACHE DER VOKALE

Die Bedeutung der Analyse der Schriftzeichen ergibt sich aus der Beziehung zum Phonemsystem, das wir aus den Schreibungen in den Texten und aus den Beschreibungen der Laute durch die Lesemeister ableiten wollen.

Der diagraphische Vergleich ermöglicht uns, aus der Veränderung der Schriftzeichen die lautliche Entwicklung zu erkennen. Bei historischem Lautwandel wird die spezifische lautliche Interpretation durch Prägraphien und Postgraphien vermittelt. Meistens ist der Lautwandel erst viel später durch Neuzeichen oder durch ein verfügbares Altzeichen in der Orthographie reflektiert. So können wir zum Beispiel aus der Verwendung eines Einzelgraphems, das eine Graphemverbindung ersetzt, auch auf eine entsprechende lautliche Entwicklung, nämliche Monophonemisierung, schließen. Das Altzeichen bleibt oft neben dem Neuzeichen in homographisch direkter Variation bestehen, wie wir es zum Beispiel im **Nutzlich buchlein** bei der Verwendung des neuen Monophthongs /i:/ aus mhd. /iə/ belegt finden: <br_ieff_> neben <br_iff_>, <h_ier_> neben <h_ir_> usw. Umgekehrt drückt der Ersatz eines Einzelgraphems durch eine Digraphie die lautliche Entwicklung der Diphonemisierung aus, die in den vorliegenden Texten durch den diagraphischen Vergleich zwischen dem **ENchiridion** und den übrigen Drucken erkenntlich ist. So entspricht Kolroß' <i, y> (mhd. /i:/) in den anderen

Schriften <ei>, während <ei> (mhd. ei) in der **Grammatica** regelmäßig mit <ai> geschrieben wird, was auf Phonemverschiebung weist.

Phonemzusammenfall ist fast immer durch Zeichenzusammenfall erkennbar: Ickelsamer schreibt <au> in allen Fällen, für die bei Kolroß entweder <u> oder <ou> entsprechen. In einigen Fällen finden wir im Schreibungssystem Unterbezeichnung eines Phonems, was häufig bei Fabritius belegt ist, der für den Umlaut /ü/ oft nur <u>, bzw. <v> schreibt. Jedem historischen Lautwandel geht Allophonbildung voraus, die jedoch in der Schreibung nicht erkenntlich ist. So sind auch Allophone, die nur phonetisch bleiben, in der Regel nicht erfaßbar.

In Verbindung mit den Aussagen der Lesemeister ist es möglich, aus der Orthographie auf ein ziemlich genaues Bild des Lautstandes des 16. Jahrhunderts zu schließen. Wir gehen in der Analyse, wie die Lesemeister, die zwischen Buchstabe und Lautung kaum eine Unterscheidung treffen, von der beiderseitigen Einmaligkeit des Bezuges von Graphem zu Phonem aus (s. 2), auch wenn dies nicht konsequent für die meisten alphabetischen Schreibungssysteme gilt. Es ist außerdem anzunehmen, daß die Sprachlaute der Vergangenheit denen der Gegenwart akustisch, artikulatorisch und auditiv gleich waren (Penzl 1971, S. 42). Bei der alphabetischen Wiedergabe der Rede ist es wichtig, die distinktiven Einheiten richtig abzusondern. Ickelsamers Lautiermethode (s. 1.3.1) ist für uns von besonderem Interesse, weil sie auf erfolgreicher Segmentierung der einzelnen Lauteinheiten in jedem Wort beruht, die er mit dem entsprechenden Buchstaben des Alphabets in Beziehung bringt. In seinen orthographischen Anweisungen geht er davon aus, daß man schreiben soll wie man spricht. Seine erste Regel ist, daß "man in allen wörtern/ der oren rath hab/ wie es aigentlich kling/ ... so wirdt man nitt vil vnnützer bůchstaben setzen" (S. 142). Und damit man

die theyl d' wort fein/ rein vñ eygētlich künd absündern/ vñ von ein ander teylē/ so nemb [man] ein yedes wort/ deß bůchstaben [man] wissen will/ selbs in seinen mūd/ da mercket [man] die verenderug der laut vnd stim vil baß/ dan so [mans] von einem ädern hŏrt/ (Ick. 1534, Bl. B4b).

Wenn wir davon ausgehen, daß er seine eigenen Regeln befolgt, dann können wir mit ziemlicher Sicherheit seine Schreibungen als direktes Beweismaterial für die Aussprache annehmen, besonders bei phonotaktischem Konsonanteneinschub oder -zugabe.

Die Untersuchung der Texte ist ausschließlich eine synchronische, nur da, wo es unvermeidlich schien, um ein klares Bild zu schaffen, ist ein diachronischer Vergleich zum Mhd. oder zum Nhd. angestellt. Es scheint mir jedoch angebracht, die wichtigsten vokalischen Veränderungen zu besprechen, die die frühnhd. Sprache in ihrer Entwicklung vom Mhd. unterscheidet. Die Tatsache, daß wir in der Geschichte einer Sprache von einem bestimmten Zeitabschnitt wie dem Frühneuhochdeutschen sprechen, setzt ja ein Verhältnis zu einer vorhergehenden und folgenden Epoche voraus. Das Mhd. dient als Kontrast zum vokalischen Lautstand des 16. Jahrhunderts.

Das Frühnhd. wird in der historischen Sprachwissenschaft nach den folgenden lautlichen Entwicklungen, die hauptsächlich die Vokale betreffen, unterschieden: die Frühnhd. Diphthongierung, Monophthongierung, Vokaldehnung und -kürzung (s. 3.5), Entwicklung der mhd. e-Laute (s. 3.2), Synkope und Apokope (s. 3.3), Entrundung, Rundung und Senkung (s. S. 108-110). Ich beschränke mich hier auf eine kurze Besprechung der Diphthongierung und Monophthongierung, da sie grundlegend für die Analyse sind. Die anderen lautlichen Veränderungen werden in den Abschnitten behandelt, in denen sie relevant sind.

Die frühnhd. Diphthongierung ist deutlich aus den Schreibungen zu erkennen. Es handelt sich um die regelmäßige Phonemverschiebung, vielleicht auch Diphonemisierung (Penzl 1984, S. 51), der mhd. Langvokale î û iu [ü:] zu den frühnhd. Diphthongen ei ey au äu eu. Dieser Vorgang ist zuerst im 12. Jahrhundert nach dem Auftreten von Diphthongschreibungen in Tirol belegt und hat sich im 16. Jahrhundert in den meisten Mundarten durchgesetzt, mit Ausnahme vom Niederdeutschen, Ripuarischem, Osthessischem, Westthüringischem, Alemannischen, bei denen Diphthongierung im Auslaut und im Inlaut vor Vokal eintrat. (Penzl 1969, S. 82). In der Schriftsprache fallen die Diphthonge mit ei, au, eu zusammen, die auf mhd. ei, ou, öu zurückgehen. In den Mundarten hält die Phonemverschiebung die Phoneme meist auseinander, was besonders im Bairischen durch die Schreibung von <ei> für mhd. î, <ai> für mhd. ei zum Ausdruck kommt. Der Schreibungswandel setzt sich jedoch allmählich auch in den Druckereien und Kanzleien durch, deren Mundart nicht an der Entwicklung teilnahm. Helbers **Syllabierbüchlein** zeugt davon. Die Kausalität des Lautwandels wird mit der Dehnung der Kurzvokale in offener Silbe in Zusammenhang gebracht (Penzl 1975, S. 117f), die einen phonemischen Schub ausgelöst haben kann. Im Mitteldeutschen kann die Monophthongierung in der Verbreitung des Lautwandels ein entscheidender Faktor gewesen sein.

Die frühnhd. Monophthongierung betrifft nur das md. Dialektgebiet. Sie ist seit dem 12. Jahrhundert im Ostmd. belegt und verbreitet sich in den folgenden Jahrhunderten, ohne das obd. Sprachgebiet zu beeinflussen. Die Phonemverschiebung, genauer Monophonemisierung, betrifft die mhd. Diphthonge i̲e̲ [iə], u̲o̲ [uə], ü̲e̲ [üə], die im Frühnhd. zu Einzelphonemen /iː, uː, üː/ wurden und zum Teil mit den in offener Silbe gedehnten mhd. Kurzvokalen zusammenfielen. In der Schriftsprache spiegelt sich der Lautwandel in der Verwendung von <ie> für mhd. <i> wider, und umgekehrt von <i> für mhd. <ie>, z.B. <hi̲r̲> neben <hi̲e̲r̲> (Fab. S. 3, 4). Für die Monophthonge /uː, üː/ bieten sich die alten Schriftzeichen <u, ü> an. Im Falle von <ie> [iː] wird das alte Schriftzeichen umgewertet und nimmt die Funktion der Längebezeichnung an. In den ostmd. Schriftdialekten finden sich Anzeichen der Monophthongierung von mhd. e̲i̲ > e̲, o̲u̲ > o̲ (Penzl 1984, S. 63), die bei Fabritius und auch bei Ickelsamer in einigen Formen belegt sind (s. S. 128 und S. 130-131).

In diesem Kapitel befassen wir uns mit der Aussprache der Vokale, die von den Lesemeistern in die "lautbu̇chstaben" oder "stimmbu̇chstaben" (Kol. S. 66) und die "Diphthonge" oder nach Kolroß "doppel (oder guldin) vocal" eingeteilt werden. Dabei besteht einige Verwirrung über die eigentliche Qualität der Diphthonge, zu denen sie unter Einfluß des Schriftbilds auch die Umlaute zählen (s. 3.1.3).

4.1 <i, y, ie, ü, û>

Der graphischen Verschiedenheit in der Schreibung der Vokale entspricht nicht unbedingt der gleiche Unterschied im Phonemsystem. Wie wir aus den Belegen gesehen haben (s. 3.1.1), sind <j> und <y> Zeichenvarianten von <i>, wobei <j> auf den Anlaut beschränkt ist. Ickelsamer beschreibt <y> als dem "andern einfeltigen i/ am laut gleich/ souil das teutsch lesen belangt" (S. 126). Er weist aber auch darauf hin, daß <y> bei "ettlichen teütschen den mitteln laut zwischen /i/ und /v/ hat/ als in disen wŏrtlin kyssen/ myl/" (Ick. S. 126). Er ist gegen die Schreibung von <y> für den Umlaut, im Text steht dennoch mehrmals <y̲eben>, <y̲ebung> (S. 125, 137), in Variation mit <vngeǔbt> (S. 149). Helber sagt klar aus, daß <y> "wie ein i ausgesprochen [wird]" und daher im deutschen Alphabet überflüssig ist (S. 20). Er erwähnt, daß es nach Aussage der Gelehrten früher (wie bei den "Mitter Teŭtschen") /ü/ ausgesprochen wurde und daher in latinisierten Wörtern verwendet wird: Tyringus, Tybinga, Gynzeburgum (S. 21). Fabritius läßt seinen Meister im Dialog mit dem Schüler erklären, daß <y> ein <i> sein soll, mit dem man "ettliche wŏrther" im Anlaut schreibt (S. 14).

Ickelsamer gibt die beste artikulatorische Beschreibung des hohen, ungerundeten Vorderzungenvokals: /i/ wird wie ein /e/ ausgesprochen ("mit dem athem vnd nider getruckter zungen"),

> allain mitt engerer beschliessung der zene/ die sich
> genawer berŭren/ Vnd ist vhast der laut des kirrens der
> Sew wenn mans sticht oder würget (S. 125).

Fabritius sagt lediglich, daß <i> zu den "funff lauten buchstaben" gehört, "durch welche ... die gantz geschrifft auss gefurt wirt" (S. 9), während Helber es zusammen mit <j> als "Selbstlautenden Bŭchstaben" an Hand von Beispielen erklärt: "Wan der Wirt wirdt kom=men, wird ich jhm" (S. 10). Obwohl die Lesemeister zwischen Lang- und Kurzvokalen unterscheiden, ist Kolroß der einzige, der diese

Terminologie gebraucht, um <y> als distinktive Variante von <i> zu beschreiben. <i> ist für ihn Kurzvokal, <y> Langvokal. Er fordert, daß man sie richtig anwende, denn

> wo sy artlich vnd recht geschriben/ gebend sy guten verstand dem låser/ herwiderumb/ wo eins für dz ander gesetzt/ muß der låser die bedüdtung für sich selb ersinnen vnd suchen (S. 70).

Als Regel gibt er an:

> In allen silben vnd worten/ darinnen das i sin ußsprechen kurtz vnd behånd hat/ do solt du allweg das kurtz vnd einfach schryben/ herwiderumb/ wo die reed starck vnd langsam vff das y godt/ do solt du das lang vnnd zwyfach y schryben/ (S. 70).

<ie> gilt als Zeichen für den Langvokal bei Fabritius und in Ickelsamers **Rechten weis**, wie aus den Schreibungen von Wörtern mit nicht historischem Diphthong und umgekehrt <i>, wo historisch <ie> zu erwarten ist, hervorgeht: <diese>, <viel> (Fab. S. 4, 6), <briffs>, <hir> (Fab. S. 9, 3), <sieben>, <geschrieben> (Ick. S. 58). Helber bestätigt, daß <ie> in einigen Dialekten wohl geschrieben, das e aber nicht gesprochen wird (S. 19). Aus seiner Bemerkung und aus Ickelsamers Kritik an der Verwendung von <ie> als Längebezeichnung (S. 142, 154)[1] geht hervor, daß bei ihnen ein Diphthong gesprochen wird, trotz einiger Abweichungen in der Schriftsprache. Dasselbe gilt für Kolroß, der deutlich einen Diphthong beschreibt (S. 69)[2] und sonst keinen Beleg für <ie> als Monophthong in der Schreibung zeigt. Über die Aussprache des Diphthongs selbst lassen sich aus der Orthographie und aus den Äußerungen der Lesemeister kaum Schlüsse ziehen. Nur Helber macht die Bemerkung, daß bei Diphthongen ein Vokal länger und "sterker" (S. 19) als der andere gesprochen wird. Aus seiner Beobachtung, daß

das e wenig oder in manchen Gegenden gar nicht zu hören ist, ist anzunehmen, daß es der Qualität eines Schwagleitlauts, also [iə], entspricht (Hel. S. 19).

<ü>, der hohe, gerundete Vordervokal bereitet (wie alle Umlaute) einige Schwierigkeiten für die Lesemeister. Fabritius sagt nicht viel darüber aus, außer daß <ü> zu den drei Lauten zählt, die "geschwecht" werden (S. 9). Kolroß schreibt, daß es "weder u noch i volkummen ist/ sonder halb vnd halb/" (S. 67) und wenn

> so ein silb nit gantz glat vff dz einfach i oder ouch zwifach y gadt/ sonder etwas gröber/ also dz man die låfftzen darzů bewegen můß da gehört allweg das u mit zweyen tüpfflin drob (S. 68).

Ickelsamer nennt es in der ersten Ausgabe seiner **Grammatica** (1534) "das Franckreichisch/ ü/" (Bl. A7a). Er erklärt: "Das /ü/ lautet mit zůsamen gezognern vnd engern lebtzen/ dann das schlecht Lateinisch /u/" und gibt als Beispiele "fünff/ gůtlich/ hüpsch/" an (S. 126). <ü> ist bei Fabritius eine nicht distinktive, graphische Variante von <ů>, die sonst in den Texten auch für den Diphthong [üə] steht.

Das Problem erwächst aus der Tatsache, daß gerundete und ungerundete Vokale vielfach zusammengefallen waren. In der Aussprache der Lesemeister besteht kein Unterschied zwischen <i> und <ü>, sie fordern ihn jedoch in ihren orthographischen Anweisungen (Ick. S. 127, Kol. S. 67). Keiner von ihnen spricht diese Feststellung klar aus, man kann es nur zwischen den Zeilen lesen, wenn Helber z.B. schreibt, daß "das ŭ wird recht vnd eigentlich ausgesprochen bei den Mitteren Teŭtschen, nemlich als ein mittelding zwischen dem u vnd dem i" (S. 19). Daraus und aus den Reimen in dem Gedicht, das er als Übung für seine Schüler beilegt, ist zu entnehmen, daß dies nicht für seinen Dialekt gilt: es reimen <bist> mit <rüst>, <kind> mit <sünd> (S. 39). Da die Schriftsprache überwiegend zwischen <i> und <ü> differenziert, spiegeln sich die sprachlichen Verhältnisse nur in gelegentlichen Schreibungen in den Texten: <berieren> (Ick. 1534, Bl. A6a) neben <berüren> (Ick. 1537, S. 125), <gebirte> (Bl. D5a), <wirdig> (1534² S. 53), <wirckung> (Kol. S. 64) neben <würckung> (S. 71), das auf historischer Schreibung beruht, <vertittelt> neben <vertüttelten> (Fab. S. 29), in umgekehrter Schreibung bei Helber <gebürg> (S. 20), bei Fabritius <düse> (diese) (S. 3). Vielleicht könnte auch <yeben> als Entrundung von üben interpretiert werden. Penzl (1975) weist darauf hin, daß in den meisten hochdeutschen Mundarten, mit Ausnahme des Hochalemannischen, Ostfränkischen und Ripuarischen, die gerundeten langen und kurzen Vordervokale (mhd. ö æ ü iu öu üe), auch falls gedehnt, monophthongiert oder diphthongiert (eu (äu)), mit den entsprechenden nichtgerundeten Vordervokalen gleicher Zungenhöhe (mhd. e [nicht ë] ê i î ei ie) zusammenfallen (S. 119). Die Zeichenvermischung wird in den ostmd. Drucken von Anfang an vermieden und geht später auch in den oberdeutschen Drucken zurück (Penzl 1975, S. 119). <ü> ist also ein orthographisches Zeichen, das nicht einem hohen gerundeten Vokal in der Aussprache der meisten Sprecher entspricht.

Aus der direkten Variation von Formen wie <wirdt> (Ick. S. 127) und <würdt> (S. 121), die in allen Texten belegt sind, können wir eine Tendenz zur Labialisierung des ungerundeten hohen Vokals erkennen. Es könnte sich allerdings auch um umgekehrte Schreibung handeln, die den Zusammenfall von

/ü/ mit /i/ bestätigt. Schreibungen bei Kolroß und Helber wie <zwüschen>, <wüschen>, <verlürt> (Kol. S. 75, 68, 76), <schwürig> (Hel. S. 17), <fünf> (Kol. S. 66, Ick. S. 126, Fab. S. 9) weisen jedoch eher auf phonotaktische, d.h. stellungsbedingte Rundung vor oder nach bestimmten Konsonanten (l, Nasal, Labialen, w, sch) (Penzl 1969, S. 88), die seit mhd. Zeit besonders häufig im Alemannischen stattfand (Moser 1909, S. 140).

Ickelsamer, Fabritius und Helber zeigen einige Formen, die andeuten, daß /e/ zuweilen zu /i/ überging: <kilch> (Kelch) (Ick. 1534[2], Bl. B7a), <lyngen> (Längen) (Fab. S 3), <schmirzen> (schmerzen) (Hel. S. 8). Letzteres ist bereits mhd. als Nebenform belegt, während <kilch> und <lyngen> eine mitteldeutsche Erscheinung sind (Moser 1909, S. 120). Umgekehrt schreibt Fabritius <bensel> (Pinsel) (S. 9), <werth> (wird) (S. 2), <hen> (hin) (S. 28), was Phonemzusammenfall von i mit e andeutet. Senkung von i > e vor Nasal und teilweise vor r + Konsonant kommt ebenfalls besonders in mitteldeutschen Mundarten vor (Penzl 1984, S. 57).

4.2 <e, ẵ, ỗ>

Die Erkenntnis der phonetischen Bedeutung der e-Laute bereitet einige Schwierigkeiten. Aus den Belegen der Texte ergibt sich kein klares Bild über die Verwendung der beiden Zeichen <e> und <ẵ>, die in den frühnhd. Schriftdialekten zur Verfügung standen. <ẵ>, das mittelhochdeutsch als Zeichen des "Sekundärumlauts" im Obd. ursprünglich eine rein phonetische Bedeutung hatte, nämlich die des offensten und tiefsten Vorderzungenvokals (Penzl 1975, S. 119), wird später in der Schriftsprache als Zeichen von Morphemwechsel zwischen a̱ und ä̱ auf etymologisch verwandte Formen beschränkt, ohne einen Unterschied in der Aussprache auszudrücken. Hinzu tritt die in den Dialekten unterschiedliche Entwicklung der mhd. e-Laute <e̱ ë ä̱, ê æ>, die frühnhd. in der Schriftsprache in ein <e>, nhd. [ɛ], bzw. <e>, nhd. [e:], zusammenfallen (Penzl 1969, S. 84). Das Resultat kann für Kürze oder Länge entweder wie im Bairischen zum Teil das geschlossene, höhere /e/, oder wie im Schwäbischen und Ostmitteldeutschen das offenere, tiefere Phonem /ɛ/ sein. Eine dreifache phonemische Unterscheidung der e-Laute (/ä/ tief, /ɛ/ offen mittel, /e/ geschlossen mittel) ist in den frühnhd. Schriftdialekten nicht zu erkennen (Penzl 1975, S. 119). Für die Lesemeister tritt außerdem die Entwicklung der Entrundung und obd. Rundung, die auch für die mittleren Vordervokale galt, und ihre Abhängigkeit vom Schriftbild selbst, als Hindernis zur klaren Erkenntnis der e-Laute hinzu.

Kurz- und Langvokal werden in der Schreibung teilweise getrennt. Wie wir gesehen haben, dienen Doppelschreibung <ee>, Schreibung mit <h> oder einfacher Folgekonsonant als Längebezeichnung, die jedoch nicht konsequent durchgeführt wird. Ickelsamer beschreibt <e> als einen Laut, der "mit dem athem vnd nider gertruckter zungen" gesprochen wird. "Disen laut geben die Gaiß vnd Schaff in jrem geschray" (S. 125). <å> vergleicht er mit dem "a obscurum" im hebräischen Alphabet, "ain dunckel a/ als schier dz /oa/ ["oder /a/ vñ /e/" (1534, Bl. A 7a)] mit ainander als täglich/ wie es die Bairn vast reden/" (S. 126). Er definiert <o̊> als Mittellaut zwischen /o/ und /e/, "als in disen wo̊rtern /o̊l/

gǒtlich/ " usw. (S. 126). In der **Rechten weis** zählt er <ae, oe> wie Helber zu den Diphthongen, sagt aber aus, daß sie wie /e/ gelesen werden (S. 58). Für Kolroß ist <å> ein "stimm", das "nit gantz vff dz a. ouch nit gantz vff e. vßgesprochen würt/ sonder halb vnd halb" (S. 67), während bei <ȯ> "weder o noch e volkumen gehǒrt würt", doch entspricht dem ọ ein e-Laut, nur "ettwas grǒber/ als das du die selbig stimm mit bewegung der lefftzen nennen mǔst," (S. 67). <e> wird ohne Lippenbeteiligung artikuliert (S. 67). Wenn man es "starck vnd langsam" hört, empfiehlt er Doppelschreibung. Kolroß warnt ausdrücklich vor der Vermischung der Zeichen, woraus zu schließen ist, daß dies in der Aussprache und Schreibung seiner Zeit zu erwarten ist. Er sieht die Verwendung von <å> und <ȯ> hauptsächlich bei Wörtern im Morphemwechsel mit <a> bzw. <o>: <mạn> <månner>, <lọb>, <lǫblich> (S. 68), jedoch ist diese orthographische Unterscheidung besonders von <å> in dieser Funktion gerade in seinem Werk nicht zu finden. Kolroß schreibt <å> nicht nur für Umlaut, sondern auch für den offeneren und geschlossenen Laut, mhd. /e/ und /ë/, der z.T. frühnhd. gedehnt wurde: <erklårt> (S. 67), mhd. <erklæren>; <ång>, mhd. <eng>; <ynhår> mhd. <inhër> (S. 70). Daneben schreibt er auch <e> für mhd. /ë/,/ä/: <nemmen> (S. 70), <allmechtigen> (S. 65), variiert <e, å> in <lefftzen, låfftzen> (S. 67), <allweg, hinwåg> (S. 70, 72) usw.

Fabritius geht nicht auf eine Diskussion über die unterschiedlichen, gerundeten und ungerundeten, mittleren Vordervokale ein. Er bestätigt lediglich an ein paar Beispielen, daß sie existieren (S. 10). Im Druck des **Nutzlich buchlein** finden wir überwiegend <e> in der Schreibung für die fünf mhd. e-Laute, was andeutet, daß die ganz offene Qualität von mhd. ä, æ verloren gegangen ist. Schreibung mit Umlaut <å> ist nur vereinzelt belegt: <tåglich> (S. 2) neben <teglich> (S. 7), <månner> (S. 13) neben <menner> (S. 12), <war> (S. 43) neben <wer> (S. 1). Bei <mår> (Märe) benutzt er den Umlaut, um es von dem Homonym <meer> (Meer) in der Bedeutung zu unterscheiden. Dagegen muten die Formen <fål> (Fell), <gadt> (geht) (S. 37) fremd an und gehören eher in die Orthographie von Kolroß.

Helber bespricht <e, å, ð> dagegen ausführlich (S. 18-19, 22-23), obwohl seine Beschreibung nicht ohne weiteres klar ist. Er unterscheidet zwischen einem kurzen, offenen und einem langen, geschlossenen Laut, der in "ettlichen Landen mit irem ae geredt vnd geschriben, oder wie ir oe ausgesprochen wirdt" (S. 18). Er scheint mit den Buchstaben <å e ð> die Lautwerte eines hellen a, offenen e und geschlossenen e zu verknüpfen. Dabei versucht er, Abweichungen von dieser Norm in bairischen Drucken und auch außerhalb Bayerns zu erklären. Den offenen e-Laut bezeichnet er als "dicker und langsamer" (S. 18) als das kurze e. Dieser scheint in außerbairischen Mundarten dem bairischen a und in einzelnen Wörtern auch dem bairischen e zu entsprechen (Jellinek 1914, S. 14). Die Orthographie des **Syllabierbüchlein** spiegelt jedoch interessanter Weise eher die Schreibung, die bei Fabritius zu finden ist, wider mit überwiegender Verwendung von e für alle mhd. e-Laute und nur vereinzelte Belege für <å>: <ånlich> (S. 11), <Cåmerling> (S. 6), <nåhener> (S. 4), <ståts> (S. 39), <vnfålbar> (S. 14). Es kann sich hier um Einfluß der mitteldeutschen Schriftsprache handeln, der besonders an der Übernahme der md. Diphthonge zu erkennen ist.

Aus all dem geht hervor, daß die Qualität der e-Laute aus der Schriftsprache und aus den Äußerungen der Lesemeister nicht eindeutig ist. In den Schriftdialekten sind zwei lange e-Laute zu unterscheiden, die jedoch nicht wie in der Orthographie der Gegenwart graphisch bezeichnet sind. Wir finden in den Texten <th*e*tens> (Ick. S. 124), <gn*e*digen> (Fab. S. 6), <qu*e*len> (Hel. S. 39), Umlauts-e; <n*e*me> (Ick. S. 121), <pfl*e*get> (Fab. S. 10), <L*e*sen-> (Hel. S. 1), gedehntes mhd. ë; <l*e*re> (Ick. S. 120), <m*e*r> (Fab. S. 9), <zw*e*n> (S. 7) mhd. ê, die eher auf Phonemzusammenfall weisen. Fuchßberger schreibt in seiner **Leeßkonst** (Müller 1882, S. 175), daß "æ ổ vnnd e/ ... nit mer dann ein schlecht e/" bedeuten. Bei Kolroß geht aus der überwiegenden Schreibung von <å> sowohl für den Sekundärumlaut von mhd. a, â als auch für das offene mhd. ë hervor, daß sie zusammengefallen sind. Fest steht, daß die Lesemeister mehr als einen e-Laut kennen, was auch Ickelsamer in seiner Beschreibung von <e> und <å> andeutet, wenn er sich auf die Lateiner bezieht, die ebenfalls zwei /e/ in ihrer Sprache haben, es aber nicht merken,

> dann in dem wörtlin ergo/ lautet vil ain gröber /e/ dann in dem wörtlin ego usw. vnd werden noch wol mehr laute oder vngeschickte verwandlung der laute in der rede gehört/ nach ainer yetlichen Nation sprach art/ (S. 127).

Umgekehrte Schreibung bei Helber in <Hörzogthumb> (S. 6), <mörschwein> (S. 28), <Oepfel> neben <Aepfel>, <Epfel> (S. 23) zeugen vom Zusammenfall der gerundeten und ungerundeten Vokale in /e/. Rundung, die vielfach nicht distinktive Allophonbildung der Palatalvokale vor oder nach Konsonanten mit Lippenrundung (Penzl 1984, S. 56), ist bei ihm und bei Kolroß belegt: <Höllsche> (S. 38), <schwöster> (S. 27), <löffel> (Kol. S. 73). <Löffel> gehört neben

<Hölle> (in der **Rechten weis** als <hęllen> Bl. B6a belegt) zu den wenigen Wörtern, die aus der dialektischen Entwicklung in der nhd. Gemeinsprache erhalten sind. Bei Ickelsamer finden wir einen Beleg S. 157: <außerwǫ̊lten>, einen zweiten (1534[2], Bl. E1a) <zwǫlff>, ohne Umlautsbezeichnung. Fabritius schreibt <sǫ̊lten> (selten) (S. 17). Alle Texte zeigen Wechsel von gerundetem <wǫ̊llen> und ungerundetem <węllen>, die neben <wǫllen> bereits im Mhd. vorkommen.

4.3 Die Nebensilbenvokale

Ickelsamer und Helber beschreiben einen dritten e-Laut, der eine Art Schwagleitlaut zu sein scheint "nitt aigentlich ain rechter lautbůchstab" (Ick. S. 127), z.B. "Ikl für jckel/ samr für samer/ Petr für Peter usw." (S. 127). Helber nennt dieses ę "schwach" und "gschwind auszusprechen" in einigen Silben sogar stumm,

> deßwegen es dan auch vilmals an sollichen orten nit
> geschriben wirdt, nemlich wan es der leste Bůchstab im
> Wort ist, oder wan es an dem end eins worts nach ime hat
> die Sylb ren, len, et, ner, vnd in den Sylben ge vnd be, mit
> wellichen die wǒrter vornen gedoplet werden (S. 18).

Aus seinen Beispielen geht deutlich hervor, daß es sich um <e> in unbetonten Nebensilben handelt: <habę, tragę, keinę, hartęs, verhindęrlich, gęringęręt, durchstochęnę, findęn> (S. 18). In den Fällen, wo <e> nicht geschrieben wird, spricht er ganz offensichtlich von Apokope (Schwund von ę im Auslaut) und Synkope (Schwund von ę in Mittelsilben), die besonders für die obd. Dialekte charakteristisch sind. Helber weist darauf hin, daß Phonemfolgen von der Art "bd, bh, bn, bs, bschl usw." nicht der Silbenstruktur des Deutschen entsprechen, daß das e̲ aber oft um des Reimes willen in der Schriftsprache oder im Druck weggelassen wird. Ickelsamer bezeichnet sie als "geflochtene silben" (Ick. 1534^2, S. 57). Während Fabritius nicht darauf eingeht, widmet Kolroß ein ganzes Kapitel der Kürzung der Wörter, "zů latin genant Syncopa" (S. 79). Neben Synkope bei den Präfixen be̲-, ge̲-, erwähnt er auch Kürzung des schwachen Partzip Präteritums <gwünscht> anstatt <gwünschet>, und synkopierte Flexionsendung der 3. Person Singular oder 2. Person Plural: <ißt> anstatt <isset>, <trinckt> anstatt <trincket> (S. 80). Irrtümlicherweiser betrachtet er die Schreibung <s> für den Schibilant /sch/ vor Sonorlaut als Synkope und lehnt sie für die "hochtüdtschen lande" ab (S. 81). Er warnt vor Verwechslung von <ts>, <ds> mit der Affrikata <tz> bei Vokalausfall nach Dental im Genetiv Singular der Maskulina und Neutra, <Gotts> nicht <gotz> (S. 78) (bei Fabritius steht <fundamentz>! S. 31), und lehnt die Praxis in der Orthographie von <x> für <gs-> bei synkopiertem Präfix ab (S. 78). Beispiele sind in Wortlisten bei Fabritius (S. 28) und Ickelsamer (1534^2, Bl. D8b) zu finden: <x̲undt, x̲ang, x̲altzen> usw. Es erregt den Anschein, daß Fabritius von Ickelsamer abgeschrieben hat oder wenigsten beide Zugang zu derselben Quelle hatten. Apokope behandelt Kolroß nicht.

In allen vorliegenden Drucken finden wir Belege für Apokope und Synkope, die das Resultat einer sich über die ganze germanische Sprachepoche erstreckende Entwicklung sind. Die Festlegung des Wortakzents auf die erste Silbe eines einfachen Wortes hat die Schwächung und teilweise den Schwund der Vokale in unbetonten Nebensilben zufolge. Beide Arten der Kürzung kommen in den mitteldeutschen Drucken des **Nutzlich buchleins** und der **Rechten weis** bei weitem seltener vor als in den obd. Ausgaben von Ickelsamers **Grammatica** und Kolroß' **ENchiridion**. In Helbers **Syllabierbŭchlein** ist die Verwendung von gekürzten Formen dagegen reduziert, ein Zeichen dafür, daß sie allmählich aus der Schriftsprache schwinden und schließlich auf die gesprochene Sprache beschränkt werden. Apokope ist bei Fabritius, wie auch bei den anderen Autoren, oft nach Nasal, z.B. beim unbestimmten, femininen Artikel <ein feder>, <ein gestalt> (S. 2), bei der Präposition <on> (S. 1), aber auch beim Verb in der 1. Person Singular: <wunsch ich>, <ich wer>, <hab ich> (S. 1) usw., was für alle Texte gilt. Weniger häufig finden wir bei ihm Synkope der Präfixe ge-, be-, aber die Verbal- und Nominalendungen zeigen teilweise Kürzung: -t neben -et, -s neben -es: <werth> (werdet) (S. 2), <vermelt> (vermeldet) (S. 5) neben <nachfolget> (S. 3), <dyss> (dieses), <kleins> neben <vfferwerthes> usw.

Synkopierte und volle Formen werden nebeneinander in den anderen Texten gebraucht <verteütscht> neben <verteütschet> (Ick. S. 120), <gesagt> (Ick. S. 121, Kol. S. 65), <geredt> (S. 121, Hel. S. 19) neben <genennet>, <gelaitet> (Ick. S. 121), <gelernet>, <kommet> (Hel. S. 19), (Kol. S. 64). Bei Kolroß überwiegen die gekürzten Formen; so ist z.B. <gschrifft sins göttlichen worts> (S. 65) typisch für seine Sprache. Schwund des auslautenden e der starken Feminina ist fast überall die Regel <sprach> (Ick. S. 120, Kol. S. 64, Hel. S. 4), <schŭl>, <leer> (Kol. S. 65) usw., gilt aber teilweise auch für Maskulina im Singular und Plural: < ... ist eins apostels namm> (Kol. S. 73), <die acht tayl>

(Ick. S. 120), neben <teile> (Ick. 1534², S. 53), <solche köpff> (S. 53). Beim Konjunktiv finden wir Apokope neben den vollen Formen, <solt>, <wölt> neben <möge>, <keme>, <were> (S. 53).

Im Inlaut wechselt i mit e in einigen Fällen bei Ickelsamer <Gottis> <Gottes> (s. 3.1.1), meist bei Superlativen. Da für den unakzentuierten Vokal in Nebensilben überwiegend <-e-> geschrieben wird, ist anzunehmen, daß die gelegentliche i-Schreibung, meist mitteldeutsch, wahrscheinlich dasselbe Phonem [ə] ausdrückt. In Variation mit synkopierten Formen <welches>, <solchs> (S. 153, 121) stehen <weliches>, <sollichem> (Ick. S. 153). Sie sind in allen Texten zu finden.

In zweiter Silbe mit flektierten dreisilbigen Formen finden wir ganz der Sprache der Gegenwart entsprechend <haupt-> (Ick. S. 120), <houpt-> (Kol. S. 65), <magd-> (Hel. S. 6), gegenüber den mhd. Formen <houbet>, <maget>. Daß die Lesemeister im Sprachgebrauch von dem gesprochenen Worte ausgehen, ist an den vielen Kontraktionen, oft proklitisch gekürzten Pronomen, zu erkennen <drumb, drauff, dweyls, nachm> (Ick. 1534², S. 56, 59, 53, 56), <eim> (Hel. S. 5, Fab. S. 7), <zusam> (Helb. S. 12), <andrer> (Kol. S. 75), <würdts, wens, sys, mans, sols, ers> (Ick. S. 120, 123, 124, 125, 133, 132). Sie sprechen sich weder für noch gegen Kontraktionen aus, obwohl Kolroß schreibt, daß es "gantz zierlich vnd lieplich" im Schreiben und Reden wäre (S. 79).

4.4 <u, o, a, å>

Ickelsamer setzt seine genetisch-akustische Beschreibung der Lauterzeugung auch bei /u/ fort:

> Das /u/ ist ain laut/ gemacht mit spitzigen lefftzen vnd zůsamen gezogenem mund/ Diser laut klingt vnd erschallet im Juh schreyen der frölichen jungen gesellen (S. 126)

Er erkennt /u/ als einen Laut, der mit den Lippen artikuliert wird. Es geht jedoch nicht klar hervor, daß er im Gegensatz zu /ü/ oder /i/ ein Hinterzungenvokal ist. Helber sagt einfach, daß die "Vokalische art [von u] kein besonderes bedencken vnd aufmerken erheische" (S. 17), während Kolroß Aufschluß über die diphthongische Aussprache von /u/ im Obd., geschrieben <ů>, im Vergleich zu Fabritius' monophthongischem <u> gibt (S. 67). Es ist anzunehmen, daß die zweite Komponente des Diphthongs zu einem Schwagleitlaut geschwächt worden ist [uə], was Helbers Schreibungen von <ue> für <ů> andeuten. Bei ihm finden sich auch Ansätze, <ue> mit <u> zu ersetzen: <z<u>u</u>, m<u>u</u>ß, z<u>u</u>sam, z<u>u</u>sein, z<u>u</u>zeiten> (S. 1, 15, 12, 4, 5), die auch bei Ickelsamer, wenn auch seltener, vorkommen: <z<u>u</u>r, z<u>u</u>m, vers<u>u</u>chen> (S. 125, 120, 156). Dies könnte andeuten, daß das <ů> in unbetonter Stellung nicht diphthongisch gesprochen wurde. Kolroß, der statt <zů> vor Infinitiv häufig <ze> schreibt (S. 65), deutet einen Schwalaut an. Allerdings könnte es sich bei Helber auch um Übernahme der md. Schreibung in die Druckersprache handeln, da z.T. <B<u>u</u>chstaben> mit einfachem <u> geschrieben wird (S. 3), <B<u>ü</u>chern> (S. 29) anstatt überwiegendem <ue>: <B<u>ü</u>echerischen>, <B<u>ue</u>chlins> (S. 3, 13).

Aus dem diagraphischen Vergleich ergab sich, daß mhd. <u>uo</u> in den obd. Drucken der **Grammatica**, des **ENchiridion** und des **Syllabierbůchleins** erhalten blieb, während im Md., bei Fabritius und in Ickelsamers **Rechten weis**, dafür fast regelmäßig <u> benutzt wird. Aus einigen Schreibungen von <u> für nicht historischen Diphthong geht hervor, daß [uə] in den md. Dialekten mit dem in offener Silbe gedehnten, neuen Langvokal /u:/ zusammengefallen ist und das Schriftzeichen des alten Diphthongs selbst auf einen Kurzvokal in umgekehrter Schreibung übertragen wird: <gedrůckt> (Ick. 1534[2], S. 53, Fab. S. 44), <gůrgel> (Ick. Bl. A3b). Kolroß unterscheidet zwischen Lang- und Kurzvokal in seiner Ermahnung, ein langes u̲ ausschließlich mit <h> zu kennzeichnen.

Ickelsamer schreibt, daß

/o/ mit dem athem aines runden gescheübelten mundts/" [ausgesprochen wird. Es ist der] "starck laut/ der die pferd still stehn macht/ man möcht jn der Fůrlewt bůchstaben nennen (S. 125).

Seine Beschreibung von o̲ ist kaum von der des u̲-Lautes differenziert und sagt nicht aus, daß es sich bei /o/ um einen mittleren, velaren Vokal handelt. Helber erwähnt o̲ und a̲ zusammen in einer Bemerkung, daß diese Laute in "etlichen Landen grob vnd tümperlich ausgesprochen" werden (S. 18). Kolroß konzentriert sich auf die Beziehung von <o> zu <a> und umgekehrt und bespricht es nur in diesem Zusammenhang, außer seiner Aufforderung, den Langvokal durch Doppelschreibung oder <h> zu unterscheiden. Von a̲ erklärt Ickelsamer:

Das /a/ würdt allein mitt dem Athem durch den rachen/ vnnd mitt weyt offnem mund außgesprochen. Dieser laut ist im anfang des worts Axt/ ja es ist auch der laut den die Axt im hawen gibt/ sonderlcih im walde/ da es ain widerhall gibt/ Ich main auch dises wort Axt hab den Namen von solchem seinem laut/ das sy im Ghriechischen vnd Teütschen ain Ax haißt (S. 125).

Er scheint einen niedrigen, ungerundeten, hinteren Vokal zu beschreiben. Kolroß befaßt sich näher mit a als einem gerundeten Mittellaut zwischen a̱ und o̱, in dem "weder a noch o volkumlich gehŏrt würt/ sonder halb vnd halb" (S. 66). Er versucht es von a̱ und o̱ zu unterscheiden, indem er als Zeichen <å> angibt, welches in der Schweizer Aussprache und Orthographie einem <aa>, in anderen Gegenden <oo> entspricht. Aus den Schreibungen in den Texten, die häufige Zeichenvariation zwischen <a> und <o> zeigen (s. 3.1.1), ist zu schließen, daß /a/, kurz oder lang, in den Mundarten mit nicht distinktiver Lippenrundung gesprochen wurde. Ein Zusammenfall von /a/ und /o/ fand vor Nasal statt, sonst wird <å> als ein offenerer Laut [ɔ:] von dem geschlosseneren [o:] geschieden. Selbst bei Kolroß ist dies jedoch in der Schreibung nicht konsequent durchgeführt: <jor, spodt, dickermol> (S. 65, 73, 75) usw. stehen neben Formen mit <a>. Insofern in der Aussprache der o-Laute eine Unterscheidung getroffen wird, zeigt die Orthographie Unterbezeichnung im System, da nur ein Zeichen <o> in der Schreibung für beide Laute benutzt wird. Moser vermutet (1909, S. 83), daß der Wechsel zwischen <a> und <o> in der Orthographie eines Textes ein Versuch des Autors ist, "die lautliche Annäherung des einen Vokals gegen den anderen oder beider gegeneinander zum Ausdruck zu bringen."

Aus den Dialekten, die /a/ runden, dringen eine Anzahl von Formen in die Schriftsprache ein: <ohn> (Hel. S. 5), sonst in den Texten als <on, -e> belegt, <monath> (Fab. S. 40), <monden> (Ick. S. 159), <thon> (Ton) (Ick. 127), <wo> (Fab. S. 38), das bei Ickelsamer neben überwiegendem <wa> steht. In allen Drucken wechseln <da> mit <do>, wobei bei Zusammensetzung meistens

<da(r)> benutzt wird: <darzu, damit> (Fab. S. 1, 10). Bei Kolroß dagegen steht eher <do>.

Fabritius polemisiert gegen das schwäbische <au> (S. 32), das aus /a:/ zuerst diphthongiert und später durch den offenen [ɔ:] Laut ersetzt wurde (Penzl 1984, S. 57). In der Orthographie wird jedoch weiter <au> mit Schreibungsumwertung für /a:/ geschrieben.

Für o̱ tritt in einigen Wörtern bei Fabritius <a> ein: er schreibt <adder>, <sal> (S. 10, 19) neben <odder>, <sollen> (S. 2). Diese Formen kommen bereits mhd. in mitteldeutschen Dialekten vor. Moser (1909, S. 121) erklärt das a̱ als ein offenes o̱ mit unbestimmter Klangfarbe, vielleicht einem Schwa ähnlich, das aus der unbetonten Stellung dieser Worte im Satzgefüge entstanden ist. Im Obd. sind sie nur selten, aus dem Md. eingeführt, zu finden.

Parallel zu der Entwicklung von i̱>e̱ (s. 3.1) findet in den md. Mundarten Senkung von u̱>o̱, ü̱>ö̱ vor Nasal, aber auch vor ṟ + Konsonant statt. Die direkte Zeichenvariation bei Fabritius in <ku̱rtz> neben <ko̱rtzer> (S. 3, 1), <antwu̱rt> neben <Antwo̱rt> (S. 8, 20), <besu̱nder> neben <so̱nder, so̱nderlich> (S. 1, 2, 4), <ku̱mpt> neben <ko̱mpt> (S. 5) <Erffu̱rth> (Titel) neben <Erfo̱rt> (S.6) deuten auf Phonemzusammenfall mit /o/. In den Schriftdialekten spiegelt sich diese Entwicklung in verschiedenem Ausmaße wieder, wobei es sich nicht um einen allgemeinen Lautwandel, sondern um interdialektische Entlehnung handelt (Penzl 1984, S. 57). In den Drucken werden beide Formen nebeneinander benutzt. Die u-Formen gelten als Obd., die o-Formen als Md. Bei Ickelsamer und Kolroß scheinen <u>, <ü̊> vor Nasal gegenüber <o>, <ö> zu überwiegen, bei Helber eine Tendenz zur Senkung und Palatalisierung, <Nörnberg> (S. 24), <förcht> neben <Gottsforcht> (S. 38), <gröb> (S. 18), <sölliche, wöllen> (S. 10, 20) zu bestehen. Es ist nicht klar, ob <ö> in allen Fällen den echten, mundartlichen Lautstand reflektiert oder nur eine Art modische Erscheinung in der Schriftsprache ist (Kienle, 1969², S. 36). Modern ist bei ihm bereits <Mönch> (S. 38), <sonn> (Sonne) (S. 15), <sonst, volkomenem> (S. 3), <besonderen> (S. 7), <König>, das er jedoch auch als "Künig geredt und gedruckt" kennt (S. 23).

4.5 Vokalquantität

Aus den besprochenen Formen mit <ie> (s. 3.1) und Schreibung mit <h>, z.B. <jhnen> (Hel. S. 4), <yhr> (Fab. S. 3) geht hervor, daß die mhd. Kurzvokale gedehnt wurden. Bei Kolroß ist die Entwicklung nicht klar erkenntlich, da die Graphemfolge <ie>, wie auch bei Ickelsamer und Helber, nicht Vokallänge, sondern Diphthong bedeutet. Schreibung von Langvokal durch nachfolgendes <h> kommt bei ihm fast immer nach ursprünglicher Länge vor: <khum> (kaum) (S. 72), <ehr> (S. 65), <blohst> (bläst> (S. 72). Da er <h> als Längebezeichnung auch vor den Vokal setzt (S. 72), kann <a> in <kham> (S. 73) als Langvokal interpretiert werden, besonders da er es <kamm> gegenüberstellt, jedoch handelt es sich hier ja nicht um Dehnung in offener Silbe, sondern um analogische Angleichung an die Formen des Plurals. Nach Moser (1909, S. 115) gilt die Dehnung jedoch für alle Dialekte, wenn die dem Vokal folgende Silbe mit r beginnt. Demnach steht <j> in <jrer, jre> (Kol. S 64, 65) ebenfalls für den Langvokal.

Aus den Beispielen, mit denen er Doppelschreibung erläutert, und aus der Verwendung von <ee> in Formen, die auf mhd. Kurzvokal zurückgehen, z.B. <reeden> (S. 73), ist zu erkennen, daß die Dehnung auch seinen Dialekt betrifft. In einsilbigen Wörtern unterscheidet er zwischen <wol> (bei Fabritius S. 13, <wohl->) und <woll> (Wolle) (S. 73), <stilt> (stiehlt) und <gestillt> (hier Dehnung in Anschluß an die flektierten Formen, in denen offene Silben gebildet werden), usw. Interessant ist, daß er apokopiertem <namm> (Name) <zůnamen> (S. 73) gegenüberstellt. Es ist fraglich, ob in seiner Aussprache wirklich ein Unterschied besteht. Vor Nasal und vor stammauslautendem t scheint der Kurzvokal erhalten zu sein. Er schreibt <nemmen> (S. 69, 72, 73) überwiegend mit Doppelkonsonant, ebenso Helber (S. 38), während bei Ickelsamer <neme> (S. 121) und ein Beleg <nehmen> (S. 157) zu finden ist. <vatter>, <våtterlicher>, <gebotten>, <verträtter> (S. 73, 65, 72, 82) sind zum Teil auch in den anderen Drucken mit Doppelkonsonanz geschrieben, bei Ickelsamer steht jedoch auch <vater> (S. 124).

Bei Helber bezeugen Formen wie <erzeelung> (S. 3), <zaalen> (S. 36) den Dehnungsvorgang, Fabritius schreibt <heer> (her) (S. 37), was Dehnung in geschlossener Silbe, vielfach vor r in Einsilbern (Penzl 1969, S. 85) beweist. Die neuen Langvokale fallen im Md. mit den aus der Monophthongierung entstandenen zusammen. In den obd. Dialekten füllen sie die durch Diphthongierung im Lautsystem entstandene Leerstelle.

Umgekehrt zeugen Schreibung von <nymmermehr>, <ymmer> (Ick. S. 128, 143), <hatt> (S. 120, Fab. S. 19, Kol. S. 73), <lassen> (Ick. S. 124, Fab. S. 2, Kol. S. 65, Hel. S. 4) von Kürzung alter Längen (mhd. i̯emer, ni̯emer, hât, lâzen), die selbst in den von der Diphthongierung ausgeschlossenen Formen bei Fabritius belegt ist: <fi̯ndtschafft>, <v̯ff> (S. 16, 1). Sie kommt im Mitteldeutschen als Nebenformen vor: <fei̯ndschaffd>, <au̯ff> (Fab. S. 16, 2). Kürzung ist weniger regelmäßig als Dehnung im Frühneuhochdeutschen und meist an die Umgebung bestimmter Morpheme oder Phonemfolgen gebunden. Vor -er in Nebensilben ist sie in der **Rechten weis** belegt: <mu̯tter> (Bl. B5a), mhd. <muoter>, <Ja̯mmer-> (Bl. D6a), mhd. <jâmer>, während in <jamer>, <yamer> (Ick. S. 123, Fab. S. 20) Vokalkürze orthographisch nicht gezeichnet ist. Die Kürzungen fallen in der Lautung mit den aus dem Mhd. erhaltenen Kurzvokalen zusammen. Vor Konsonantengruppen -cht und Nasal + Velar, steht noch <ie>: <li̯echt> (Ick. 1534[2] Bl. C1a, Kol. S. 65, Hel. S. 19): <anfi̯engen> (Hel. S. 15), <begi̯engen> (Ick. S. 150). Im übrigen gelten die in 3.1.1 besprochenen orthographischen Mittel, mit denen die Lesemeister versuchen, den Unterschied in der Aussprache zwischen Lang-und Kurzvokalen auszudrücken.

4.6 Die Diphthonge

Eine phonetische oder akustische Beschreibung der Diphthonge, die uns über die Aussprache der "zwifachen laut" (Ick. 142) informiert, fehlt bei den Lesemeistern. Wie bereits erwähnt (s. 3.1.3), besteht beträchtliche Verwirrung über die

Beschaffenheit der Laute, zu denen Kolroß alle Umlaute zählt. Umgekehrt rechnet er in seiner Unterteilung die Diphthonge <ů>, <ü̊>, da sie in der Orthographie mit einem diakritischen Zeichen versehen werden, zu den Umlauten. Ickelsamer zählt <ů> (und auch <ü̊>) ohne Kommentar in der **Rechten weis** mit den Beispielen der Umlaute auf (S. 58), aber im Text wird <u> (und Monophthong <ü̊>) geschrieben. Bei ihm und Helber gehören <ae>, <oe> zu den Diphthongen, obwohl beide die Einschränkung machen, daß sie nicht "Zwihellig" sind (Hel. S. 23), (Ick. S. 58: "die liset man fur e"). Selbst über die Anzahl der "Dopelstimmer" in der Sprache ist man sich nicht einig. Jeder zählt diejenigen auf, die für ihn relevant zu sein scheinen, beschränkt sich dann aber in der Besprechung auf die wichtigsten: <ei, ai, au, ou, eu>.

Kolroß zeigt ein gutes Verständnis von dem Verhältnis der Diphthongierung zu den erhaltenen Langvokalen in seiner Mundart und ist sich bewußt, daß sein Schreibungsgebrauch abweicht von dem, der im größten Teil des deutschen Sprachraums üblich ist (S. 68). Helber teilt das hochdeutsche Dialektgebiet nach dem Vorbild der Druckersprachen und deren Verwendung der Diphthonge ein (s. 3.1.3). Nach Aussprache und Schreibung von <ei, ai au> zählt er zu den Mitter Teutschen Druckern "die võ Meinz, Speier, Franckfurt, Würzburg, Heidelberg, Nŏrnberg, Straßburg, Leipzig, Erdfurt vnd andere denen auch die von Cŏlen volgen" (S. 24). Zu den Donawischen zählt er alle in den "Alt Bairischen vnd Schwebischen Landē", zu den "Hŏchst Reinischen", die im Druck die Sprache der Schweizer beibehalten haben, einschließlich "Cõstantz, Chur, vñ Basel" (S. 24). Helber ist wahrscheinlich die beste Quelle für die Aussprache der Diphthonge.

Die Lesemeister sind sich darüber einig, daß "baide lautbůchstaben/ auff ain silben gehŏrt werden/ vnd doch im nennen vast in ainem laut zůsamen schmelzen/" (Ick. S. 142). Dennoch müssen beide Komponenten "gelesen ... wie sy geschriben/ [werden]" nur "fare man behend vom ersten lautbůchstaben zum andern" (S. 143). Während Ickelsamer sie mit den "geflochten" Silben vergleicht, definiert Kolroß sie als solche, denn sie werden "ouch in einander geflochten/ doch der massen/ das yede stimm volkummen/ vnd vnzerstŏrt für sich selb gehŏrt werden mag" (S. 69). Eine wörtliche Interpretation der Aussagen ergibt, daß die Diphthonge in der Aussprache des Frühneuhochdeutschen noch nicht ganz der Qualität des Nhd. entsprechen, wo sie, abweichend vom Schriftbild, [ae, ao, ɔø] ausgesprochen werden.

4.6.1 <ei, ai>

Ickelsamer und Fabritius sagen nicht viel über die Diphthonge aus. Kolroß erkennt, daß "dz lang y an vil enden für ey geschryben" wird (S. 69). Helber schreibt eindeutig, daß das "Hŏchst Reinische" y redet und druckt, wo die "Mitter Teůtschen" und "Donawischen" <ei> schreiben (S. 25), während das "Hŏchst Reinische" und "Mitter Teůtsche" <ei>, (mhd. ei), im "Donawischen" Gebiet <ai> geschrieben wird. Kolroß verbindet Schreibung von <ai> an Stelle von <ei> hauptsächlich mit den Schwaben (S. 69). Sein Dialekt, das Alemannische, und die Druckersprache Basels zeigen um 1530 noch den Lautstand des Mittelhochdeutschen, d.h. die Frühnhd. Diphthongierung ist auch in der

Schriftsprache nicht reflektiert. Auffällig ist, daß Fabritius in seinem Brief an den Bürger Blasius wie Kolroß mhd. î in <schrįbschulern>, <schrįbens> (S. 1) benutzt und <Maister> wechselt mit <Meister> (S. 13), was für das Mitteldeutsche nicht gilt. Gelegentliche Schreibungen dieser Art verraten seine obd. Herkunft.

Aus der Zeichenanalyse ergab sich, daß <ei, ey> in Ickelsamers **Rechten weis**, bei Fabritius und Helber nicht distinktive Zeichenvarianten waren: <weis, weyse> (Ick. S. 53), <mein, meyn, eyn, eins> (Fab. S. 1), bey> (Hel. S. 4). Phonologisch deutet das Phonemzusammenfall von mhd.î und mhd. ei zu /ei/ an. Im Rothenburger Flugblatt dagegen und in der **Grammatica** unterscheidet Ickelsamer zwischen mhd. î <ei>, <gleichen>, <sein> (S. 42, 120) und mhd. ei <ey>, <alleyn>, <ain> (S. 42, 120). Vom graphischen Unterschied in den Drucken und aus der Tatsache, daß er in der **Rechten weis** und in der **Grammatica** ai als besonderen Laut angibt, ist auch auf einen Ausspracheunterschied der Diphthonge zu schließen. Es handelt sich hier um zwei Diphthongtypen, die differenziert werden. Der neue Diphthong <ei> ist in der Schriftsprache nicht mit dem ursprünglichen mhd. ei zusammengefallen. Nach Penzl (1984, S. 58) könnte der Unterschied in einer zentralisierten ersten Komponente, also /əi/ gegenüber /ai/ mit gesenkten ersten Teil bestanden haben. Helber bestätigt die Annahme von zwei Diphthongen im Donauwischen. Er betont, daß bei bestimmten Wörtern, die im Obd. mit <ei> oder <ai> geschrieben werden, mit dem Unterschied in Schreibung und Aussprache ein Bedeutungsunterschied verbunden ist: <laib, saiten, staig, waise> usw. (S. 25). In der nhd. Schriftsprache sind die Diphthonge aus mhd. <ei> und mhd. <î> zusammengefallen, bei Homonymen und wenigen anderen Wörtern hat sich die obd. Form mit <ai> erhalten.

Bei Ickelsamer finden sich einige Formen, die auf eine Tendenz zur Monophthongierung von <ai> zu <e> weisen: <entzele> (S. 158, Bl. D6b) neben <ainzele> (S. 158) und <Mentz> (Bl. B5b). Dagegen stehen <zwentzig> (Bl. B5b) neben <zwaintzig> (S. 124), <-zwenczig> (Fab. S. 3) im gleichen Verhältnis zueinder wie <zwen> und <zweien> (Fab. S. 16), Maskulinum und Neutrum des Zahlworts. <bede> (S. 128, 1534: Bl. B1a) ist eine alte Nebenform von <baide> (S. 142), keine lautliche Entwicklung. Bei Fabritius finden wir Diphthongierung von /i:/ in Fremdwörtern: <bappeyer> (Papier) (S. 7).

4.6.2 <au, ou>

Aus der Zeichenanalyse ergab sich, daß der Diphthong <ou> und die entsprechenden Varianten <ow, ouw> nur in der Schriftsprache Kolroß' vorkommen (s. 3.1.3). Sie sind Prägraphien zu <au, aw>, die in den übrigen Drucken ausschließlich belegt sind. Historisch geht <au> auf eine zweite Quelle zurück, mhd. û, das ebenfalls ausnahmslos bei Kolroß erhalten ist. Kolroß erklärt, daß "in Schwaben vnd sunst an vilen orten" <au> für <ou> oder auch <u> geschrieben wird (S. 70): <frauw, glaub> für <frouw, gloub>, <hauß, mauß> für <huß, muß> usw. (S. 70). Bei Fabritius ist abweichend von der Orthographie des Textes ein Beleg für mhd. û unter seinen Beispielen zu finden: <husz> (S. 17).

Fabritius erkennt das Verhältnis von u zu au und läßt es auch in Schwaben zu, "wie es die sprach mit sich bringet" (S. 32), geht dann aber sofort auf den "miszbrauch" der Schwaben über, die <au> auch für <a> schreiben (s. 3.4). Helber behandelt die Verwendung der Graphemfolge <au> (eu, eü) in Fremdwörtern und unterscheidet drei verschiedene Aussprachen: 1. In der Verbindung mit a wird die zweite Komponente u als Konsonant gesprochen in lateinischen und griechischen Lehnwörtern <A=ui=tus, Eu=an=geli:>, 2. als unabhängiger Vokal <Ni=co=la= us> (S. 28, 29) und 3. als Diphthong, wo <au> (eu, eü) "tümperlich" ausgesprochen wird, "als wie sonst ... in Gemeiner (sonderlich Mitter Reinischer) Teütscher Sprach": <Augstaal, pausieren> usw. (S. 29). In seinen Feststellungen über <au> in "eigentlich Teütschen Worten" stimmt er mit Kolroß überein, nur daß er spezifisch die "Büchere Höchstgelegner Reinischer Völkern" nennt, bei denen <Boū, oug, mus, krut> und <grauw, law> gedruckt wird (S. 29).

Abgesehen von Helbers Bemerkung über die "tümperliche" Aussprache von <au> in "Gemeiner Teutscher Sprach" finden wir keinen Hinweis über die lautlichen Merkmale des Diphthongs. Aus der Schriftsprache des Mitteldeutschen und Bairisch-Schwäbischen ist zu schließen, daß dem Graphemzusammenfall von <u> und <ou> in <au> im 16. Jahrhundert auch ein Phonemzusammenfall entspricht. Ob /au/ in der Aussprache bereits dem nhd. [ao] gleicht, ist nicht mit Sicherheit festzustellen. In der alemannischen Mundart Kolroß' werden <u>, <ou>, <auw> streng getrennt, obwohl seine Bemerkung, daß die Schreibung der neuen Diphthonge "düdtlicher vnd gemeyner tüdtscher spraach bequämlicher" sei (S. 68) bereits andeutet, daß eine Entlehnung in die Schriftsprache durchaus möglich ist, auch wenn sie von der Mundart selbst abweicht. Die ersten Ansätze sind im **ENchiridion** in der Schreibung von <de̲u̲dtlich> (S. 71) zu finden. Am Ende des 16. Jahrhunderts ist dieser Vorgang vollzogen. Helbers **Syllabierbůchlein** zeugt für das Vordringen der md. Schriftsprache in das alemannische Dialektgebiet. Die Druckersprache Freiburgs unterscheidet sich zu dieser Zeit vom Erfurter Druck Fabritius' hauptsächlich dadurch, daß die Diphthonge <ue>, <üe> vom md. <u>, <ů> getrennt werden und <ie> sehr selten als Längebezeichnung verwendet wird.

Bei Ickelsamer (1534^2) ist Monophthongierung von a̲u̲ > o̲ belegt, <go̲men> (Gaumen) (S. 56), was parallel zur mundartlichen Entwicklung von e̲i̲ > e̲ läuft. Es kommt sonst in den Drucken nicht vor. Er bespricht auch die bairische Aussprache von e̲o̲ in "Breot/ schmeoltz/... kreot/ für Brot/ Schmaltz/ ... kraut" (S. 142-43), was wohl dem nordbairischen [ou] entspricht (Penzl 1983, S. 228).

4.6.3 <eu, eü, å̊w, o̊u>

Parallel zu mhd. û, bzw. o̲u̲ > a̲u̲ verläuft die Entwicklung von mhd. ü̲:, bzw. o̊u > e̲u̲, wie aus der Zeichenanalyse zu entnehmen ist. Der diagraphische Vergleich zeigte, daß eine indirekte Variation zwischen den Schreibungen von <ü>, <o̊u> bei Kolroß und den anderen Drucken bestand, die regelmäßig <eu> als Postgraphie zeigten. Von Ickelsamer und Fabritius hören wir nichts über Aussprache oder Entsprechung von <eu> in anderen Druckersprachen. Kolroß sagt nur, daß man beim Sprechen "vom e stracks vff oder in das u feert" und warnt "das man nit ei schrybe für eu, widerumb eu für ei" (S. 70). Aus seiner Bemerkung und aus den Reimen in Helbers "Geistlichen ABC" (S. 38) ist zu schließen, daß in den Mundarten /eu/ entrundet wird, auch wenn in der Rechtschreibung nur wenig Belege zu finden sind: <fr<u>eu</u>d> reimt mit <l<u>ei</u>d>, <n<u>eü</u>t> (nicht) mit <z<u>ei</u>t>; bei Ickelsamer kommt <d<u>ei</u>tlich> (deutlich) (1534, Bl. B5a, B7a), <l<u>ei</u>gnen> (leugnen) (Bl. C2b) vor. Umgekehrt finden sich Beispiele von Rundung von <u>ei</u> > <u>eu</u> bei Kolroß (trotz der Warnung) und bei Helber: <schm<u>eu</u>chler> (Schmeichler) (Kol. S. 70), <verh<u>eü</u>raten> (verheiraten) (Hel. S. 32).

<äu>, als Umlaut von <au> bei Morphemwechsel, wie es die nhd. Rechtschreibung kennt, wird von Helber zwar erwähnt (S. 31), ist aber in den Texten kaum belegt. Die regelmäßige Schreibung von <eu> für mhd. <ŏu> und mhd. <ü>, das bei Kolroß auch für mhd. <iu> steht, weist darauf hin, daß die Phoneme zusammengefallen sind. In Ickelsamers **Rechten weis** bestätigt die umgekehrte Schreibung von <vngetr<u>å</u>wen> (Bl. A4b) an Stelle des üblichen <eu, ew, euw> in der Schreibung des Morphems <treu>, wie es in allen Drucken belegt ist, den Vorgang.

Helber ist der einzige, der darauf besteht, daß, abgesehen von der Variante <ew>, ein Unterschied zwischen <eü> und <eu> besteht. Er verbindet <eü> mit <ü> oder <üw> in "Hŏchst Reinischer Sprach," <eu> aber mit <ŏu>, <ŏuw> (S. 29). <eü> wird im Donawischen "auf [seine] eigne weis ausgesprochen werden, gleichsam oi bei meererem teil, bei andern ui" (S. 32). Roethe (1882, S.XV) bezeichnet die Unterscheidung von <eu> und <eü> als so überraschend, "daß man zweifeln möchte, wenn die Masse der Beispiele nicht beweisend spräche." Inwiefern diese Einsicht wirklich einem Unterschied in der Aussprache entspricht, ist schwer zu entscheiden. Es würde die Annahme einer Zwischenstufe der Diphthongierung ohne Phonemzusammenfall mit den alten Diphthongen bestätigen. Vielleicht ist Helber hier aber von seinen etymologischen Kenntnissen beeinflußt. Die anderen Lesemeister geben darüber keinen Aufschluß. In der Orthographie der vier Werke ist die Unterscheidung nirgends konsequent durchgeführt, selbst bei Helber nicht.

4.7 Das Phonemsystem der Vokale

Aus den phonetischen Beschreibungen und der Orthographie der Texte können wir auf das Vokalsystem für das Frühnhd. des 16. Jahrhunderts schließen. Die folgenden Tabellen stellen das Gesamtinventar der belegten Vokalphoneme dar. Daß nicht alle Phoneme für alle Mundarten gelten, ging aus der vorhergehenden Besprechung hervor. Die Auswahl der Beispiele für die hohen Vokale soll andeuten, daß sie die monophthongierten neuen Längen im Md. mit einbeziehen. Die Diphthonge /iə, üə, uə/ gelten neben den Langvokalen /i:, ü:, u:/ außer bei Fabritius für alle Texte. /ou, ŏu/ sind nur bei Kolroß belegt, /ai/ als zweiter Diphthong bei Ickelsamer. Wir finden alle Umlautsvokale und zwei lange e-Laute bei den Lesemeistern beschrieben, bei Kolroß außerdem einen offenen langen o-Laut. Schwa geht deutlich aus Ickelsamers Aussagen hervor.

DAS VOKALSYSTEM NACH DEN BESCHREIBUNGEN DER LESEMEISTER UND SCHREIBUNGEN IN DEN TEXTEN

	vorne		hinten	Diphthonge		
Hoch						
lang	/ i:	ü:	u:	iə üə		uə
kurz	i	ü	u			
Mittel						
lang (geschlossen)	e:	ö:	o:			
kurz	e	ö ə	o	ei	eu õu	ou
lang (offen)	ɛ:		ɔ:			
Niedrig		a	a:	ai		au /

BEISPIELE AUS DEN TEXTEN

	vorne	hinten
Hoch	d<u>ie</u>sem (F) Sch<u>ü̊</u>lern (F)	g<u>u</u>t (F)
	m<u>i</u>t (I) gr<u>ů</u>ndtlich (I)	<u>v</u>nd (H)
Mittel	l<u>e</u>sen (I) get<u>o̊</u>ns (H)	<u>o</u>n (F)
	l<u>e</u>rnen (I) m<u>o̊</u>chte (F) jck<u>e</u>l (I)	G<u>o</u>tt (I)
	schw<u>å</u>r (K), ynh<u>å</u>r (K)	spr<u>å</u>ch (K)
Niedrig	m<u>a</u>n (I)	z<u>aa</u>l (K)

I = Ickelsamer F = Fabritius
K = Kolroß H = Helber

IN DERSELBEN ANORDNUNG

Diphthonge
---

li<u>e</u>cht (K) gr<u>üe</u>ssen (H) m<u>ů</u>ter (I)

---

b<u>ey</u> (I) <u>eu</u>ch (F) <u>ǒu</u>glin (K) <u>ou</u>ch (K)

<u>ai</u>ner (I) <u>au</u>ch (F)

ANMERKUNGEN

1. Ickelsamer bezeichnet die "vngeschickligkaiten" der Orthographie als "Cacographie" und fährt fort: "Item das man den buchstaben /e/ überal anhenckt/ als sieben ... vnd des wůsts vnentlich vil/ will ich nichts von schreiben/ Es haben andere gnůgsam thon/" (S. 142). Er greift das Thema "Vom /e/ vilmal übel" später noch einmal kurz auf (S. 154).

2. Kolroß zählt <ie> unter den Diphthongen auf und schreibt, daß diese Laute "allewg nåbeneinander gesetzt werden/ dann vnder sölchen allen behalt ein yeder stimmbůchstaben sin stimm/" (S. 69).

5. DIE AUSSPRACHE DER KONSONANTEN

Im Gegensatz zu den Vokalen waren die Veränderungen des mhd. Konsonantensytems in den frühnhd. Schriftdialekten nicht groß. Die letzte Entwicklung, die landschaftlich nicht beschränkt war, war der Zusammenfall der mhd. Sibilanten /s/ und /z/ zu /s/ im In- und Auslaut, und von /s/ mit dem Schibilanten /sch/: im Anlaut vor /l, m, n, w, t, p/, im Auslaut nach /r/ (Penzl 1969, S. 79). Die Verschlußlaute und Liquide sind unverändert geblieben, während die Halbvokale /j/ und /w/ zu Reibelauten geworden sind. Mhd. /v/ und /f/ fallen in den meisten Dialekten mit /f/ zusammen. Der velare Reibelaut /ch/ entwickelt stellungsbedingte Allophone [ç], [χ] und aus dem nasalen Allophon [ŋ] von /n/ wird vor Velarkonsonant durch Schwund des Verschlußlautes /g/ das Nasalphonem /ŋ/ (Penzl 1969, S. 81). Nicht alle Veränderungen sind in der Orthographie reflektiert, doch geben uns die orthoëpischen Äußerungen der Lesemeister darüber Aufschluß.

Wie wenig man sich bis zur Zeit der Lesemeister mit der Grammatik der deutschen Sprache beschäftigt hatte, geht allein daraus hervor, daß sich die Theoretiker noch nicht einmal über die Zahl der Buchstaben im Alphabet geeinigt hatten. Ickelsamer schwankt zwischen 21 und 22 Buchstaben, indem er sich in der Zählung den lateinischen Grammatikern anschließt, die v und w, die sie mit u identifizieren, sowie h̲ und auch y̲ weglassen (Müller 1882, Anmerkung 15, S. 122, 123). Kolroß entscheidet sich für h̲ und hat 23 Buchstaben, Fabritius zählt 24, einschließlich y̲, und Helber führt ü̲ als 25. Buchstaben ein.

Die Terminologie der Lesemeister ist zum Teil eine wörtliche Übersetzung aus der lateinischen Grammatik. Ickelsamer unterscheidet nach der Artikulationsart zwischen den "haimlichen oder stumm bůchstaben/ als sein/ bp. dt. kq." (S. 129), und "mitlautenden Bůchstaben oder mitstymmer" (S. 127), also Konsonanten, zu denen er die Sonor- und Reibelaute, den Halbvokal w̲, sowie g und x̲ zählt. Er nennt sie Mitstimmer, weil "man [sie] dennocht hőren kan/ aber nit so deütlich wie die lautbůchstaben", die "stumm" Buchstaben dagegen "kan man allain nitt hőren noch nennen/" (S. 127). In seiner Einteilung mußte er über die lateinischen Grammatiker hinausgehen, da diese kein w̲ kannten und auch

> in jrer teylung/ des/ A/ be/ cees/ dz C/ f/ g/ vnter die stummen [setzen] / so doch dise bůchstaben in jrer stimmung vnd gethőn gantz keinen vnterschid haben von denen/ die sie auch halb lautende Bůchstaben heissen/ Als dz/ L/ m/ n/ r/ s/ (I. 1534, Bl. A8a).

Offensichtlich bezeichnet g in Ickelsamers Dialekt teilweise einen Reibelaut. Daß Ickelsamers System nicht der Konvention entspricht, läßt sich aus seiner Erklärung entnehmen, daß er wohl wisse, wie man die Buchstaben "nach der Grammatica taylt" (S. 127). Für seine Lesemethode ist dies jedoch nicht zweckmäßig. Wichtig ist allein, daß der Schüler "aufs ainfeltigest" die Natur der Buchstaben zu begreife,

> dann es hifft nichts zum lesen/ so ainer die Bůchstaben in einer bekandten ordnung leichtlich nach ainander zelen kan/ sonder er mů̈ß jre namen/ form vnd gestalt überal außerhalb solcher gewonlicher ordnung/ nennen vnd kennen lernen (S. 128), vnd wellicher die Bůchstaben recht kan/ der kan schon lesen (S. 124).

Kolroß beschränkt den Namen "halbstimmbůchstaben" auf die Sonorlaute. Alle anderen Konsonanten zählt er zu der Gruppe der "mitstimmenden/ heymlichen/ stumm oder todtbůchstaben", weil sie für

> sich selbs nichts schaffen/ sonder habend ir vßsprechen vnd würckung mit den stimmbůchstaben/ dorumb werden sy ouch mitstymmend genant (S. 71).

Helber nennt alle Konsonanten "Mitlautende oder Mitstimmer", und ferner

> "von wegen des orts daran di=ser oder jener Bůchstab pflegt gesetzt zusein, heisset man sie Versalen, Finalen, vnd Mittere" (S. 4).

Fabritius zählt sie einfach auf (S. 3) und bezieht sich erst später in seinem Dialog zwischen Schüler und Meister auf die "stummen buchstaben" (S. 14).

Gebunden an die Tradition der lateinischen Grammatiker, die sich bis in die Gegenwart fortgesetzt hat, fällt es keinem der Lesemeister ein, den velaren Nasal /ng/, die Spirans /ch/ oder den Schibilanten /sch/ in die Aufzählung der Buchstaben miteinzuschließen. Da sie vom Schriftbild ausgehen, betrachten sie diese Laute als Konsonantenverbindungen, auch wenn sie sich bewußt sind, daß es sich nur um einen Laut handelt und sie wie Ickelsamer, die Diskrepanz zwischen Schrift und Aussprache tadeln (S. 138-39).

Aussagen über Stimmhaftigkeit gegenüber Stimmlosigkeit, lenis gegenüber fortis sind bei dem Stand der Wissenschaft zur Zeit des Entstehens der grammatischen Schriften der Lesemeister kaum zu erwarten. Dies liegt auch außerhalb des Ziels ihrer Werke, die sich mit den Problemen des Lese- und Schreibunterrichts befassen und keine theoretische Abhandlung über die Lautlehre sein sollen. In der Beschreibung der Laute kommen sie meistens nicht über "Merkmale" wie scharpff, starck, hart, lind, sanfft, waich oder still hinaus, die nur ein vages Bild liefern. Indirekt könnte man von Bezeichnungen wie hart gegenüber lind und aus der Diskussion über die Doppelschreibung von Konsonanten auf lenis und fortis Aussprache schließen. Die Meinungen der Lesemeister gehen hier auseinander. Für Ickelsamer besteht kein Unterschied in der Aussprache, weil "ain büchstab zehen mal gesetzt/ kainen sterckern laut geb/ dann so er nur ainmal gesetzt würd" (S. 155). Kolroß behauptet dagegen, daß durch Doppelschreibung gezeigt wird, daß ein Buchstabe "starck oder langsam geet" (S. 72).

5.1 Die Verschlußlaute

Ickelsamer bezeichnet die Verschlußlaute b p, d t, k q als "rechte stumbe," da "sie allein gar nit genennet noch ausgeredt mögen werden" (1534^2, S. 55). Ohne Hinzusetzung von Vokalen haben sie keinen vernehmbaren Laut und sind daher schwer zu erklären. Seine Methode der Lautbeschreibung ist daher für die Explosivlaute besonders wichtig. Er besteht vor allem darauf, daß man dem Schüler, der lesen lernen will, zeigen müsse, wie man die Laute "mit den Natürlichen organis vnd gerüst im mund machet" (S. 129). In der **Rechten weis** konzentriert er seine phonetischen Beschreibungen auf die Verschlußlaute, während er andere Laute durch Vergleich mit Geräuschen erklärt.

Da das Zeichensystem Ausgangspunkt der Analyse ist und die Lesemeister die Affrikaten als Phonemverbindungen behandeln, habe ich beschlossen, dieser Einteilung zu folgen und sie und andere Graphemverbindungen unter die entsprechenden Laute einzuordnen.

5.1.1 <b, p, pf>

Ickelsamer beschreibt deutlich einen labialen Verschlußlaut wenn er schreibt, daß

> das /b/ oder /p/ mitt den lebtzen durch des Athems gewallt auffgerissen / [artikuliert wird] das ainer den athem helt mit zůgesperrtem mund/ das er jm die backen aufftreybt/ wie ainem Pfeyffer/ vnd leßt dann den athem durch geöffnete lebtzen faren (S. 129-30).

b̲ und p̲ sind einander gleich, nur ist das p̲ "herter". Fabritius' Beschreibung stimmt mit Ickelsamers überein:

> Erstlich mustu diese zwen heimlichen buchstaben also mit zu gethanem munt die zwey lăfftz auff ein ander schliessen vnd auff blasen, als wolltest eyn kleines strow helmlin hin weg von den lefftzen blasen (S. 15).

b̲ unterscheidet sich von p̲ darin, daß es "sacht vnd styll" ausgesprochen wird. Zusammen mit Kolroß warnt er vor Verwechslung der beiden Laute (Kol. S. 74). Helber gibt keine phonetische Beschreibung der labialen Verschlußlaute, aber von ihm erfahren wir, daß ihre Aussprache stellungsbedingt ist: anlautend wird b̲ "starck vast wie ein p" gesprochen; in- und auslautend "so lind als der jene Bůchstab den man das doppel v heißt, nemlich das W" (S. 5). Als Beispiele gibt er an: <Ab, gab, hab, la=ben, le=ben, lie=ben> usw. Er ist der einzige, der eine spirantische Aussprache von /b/ im Auslaut annimmmt. Dagegen ist b̲ in der Verbindung <mb> stumm, was durch Schreibung mit Doppel-m, wie <Lamm> (S. 5), <umm> (Ick. S. 152) bestätigt wird.

Aus der direkten Zeichenvariation (s. 3.2.1) zwischen b̲ und p̲, <ge̲bot> neben <ge̲pot> (Ick. 1534[2] S. 52, 1537 S. 127), <b̲rauch> (Ick. S. 121), <p̲rauch> (Fab. S. 7) und aus den Warnungen vor Verwechslung der Laute (Kol. S. 74, Fab. S. 15) geht hervor, daß sie in der Aussprache nicht getrennt werden. Nach Penzl (1975 S. 123) ist Schreibung von anlautendem p̲ für b̲ nicht als Fortis in Opposition zu Lenis zu verstehen, sondern meist nur als orthographische Bezeichnung eines stimmlosen labialen Verschlußlautes. Es könnte auch eine mundartliche Fortisentwicklung sein, wie sie nach Moser (1909, S. 155) im Alemannischen stattfand, vor Liquid und durch Kontraktion des Präfix ge̲- mit anlautendem b̲ (z.B. p̲ur (Kol. S. 70) aus mhd. geb̲ûr). Schreibung von <p> für <b> kann aber auch Schreibungsumwertung für den Verschlußlaut bedeuten, wenn berücksichtigt wird, daß <b> im Inlaut für den Reibelaut [ß] in einigen Mundarten steht, z.B. im Bairischen (Penzl 1984, S. 61). Im Auslaut sind alle lenis Verschlußlaute mit den entsprechenden stimmlosen Fortislauten zusammengefallen. Die sogenannte "Auslautsverhärtung" ist in der Orthographie der Drucke für die labialen Verschlußlaute nur gelegentlich belegt <råpp hun>, <åphew>, <liep̲lich> (Kol. S. 76, 76, 79).

Im Inlaut wird b̲ vor einem stimmlosen Laut an diesen assimiliert: <angehap̲t> (Fab. S. 16), <blyp̲t> (Kol. S. 71), <hüp̲sch> (Ick. S. 127), <op̲s> (Hel. S. 30). Von einem spirantischen Allophon des Lenislautes /b/ im In- und Auslaut zeugt Helbers Vergleich von b̲ mit w̲ (s.o.). Ickelsamer beklagt sich, daß einige das b̲ im Wort <harbant> so "waich" aussprechen, "das es lauttet harwant" (S. 132) Es handelt sich hier wohl um eine stimmhafte bilabiale Spirans, die in dieser Stellung mit /w/ zusammengefallen ist.

Der Einschub von Verschlußlaut nach Nasal ist in allen Texten belegt. Bei Ickelsamer ist dies fast die Regel, und da er in der Schreibung ausschließlich von der Lautung ausgeht, besteht kaum ein Zweifel, daß der Gleitlaut gesprochen wurde. Er dient dazu, die phonetische Entfernung von Nasal und dem folgenden Laut, meist Dental, zu überbrücken. Helber dagegen behauptet, daß b oder p, in dieser nicht historischen Schreibung, stumm sei (S. 9).

Die Affrikata pf wird als Konsonantenverbindung angesehen, die keiner besonderen Aufmerksamkeit bedarf. Helber zählt sie mit seinen Beispielen für p auf <pfund, Pfarrherr, kampf> (S. 9). Fabritius vergleicht den Laut mit Katzen "die nach einem hundt pfifent" und verwirft Schreibung von <ph>, <f> oder gar <v> für die Affrikata (S. 23). Die Lesemeister stimmen überein, daß <ph> im Lautwert einem /f/ entspricht (Ick. S. 140, Kol. S. 76, Hel. S. 9). Neu sind die Formen <empfinden> (Ick. S. 142), mhd. <entfinden>, <empfangen> (Fab. S. 41), mhd. <entfâhen>, die Assimilation, d.h. phonetische Angleichung, von ntf > mpf zeigen.

5.1.2 <d, t>

In der **Rechten weis** beschreibt Ickelsamer die dentalen Verschlußlaute, "d mit seinem gleichen t" mit alveolarer Aussprache: "die zungen [dringt] oben an den gomen/ das sye gleich daran klebt" (S. 56), in der Grammatica mit dentaler: "das /d/ vnd /t/ werden gemacht mitt ainem anschlag der zungen an die malzene" (S. 130). Die dentale Artikulation geht auch aus Fabritius' Aussage über die "zwen heimlich buchstaben, die ein bedeutung haben, aber einer ist stercker dan der ander," hervor: "die zung [stoset] sich starck an die zen, besunder mit dem t"

(S. 16). Kolroß differenziert zwischen dem "starcken" t und "linden oder gantz sannften" d (S. 74), Helber erwähnt die dentalen Explosivlaute fast gar nicht. Die Unterscheidung zwischen alveolarer und dentaler Aussprache, die bei Ickelsamer belegt ist, ist im Deutschen nicht distinktiv (Penzl 1984, S. 62). Direkte Zeichenvariation von <d> mit <t>, bzw. mit <dt> und <th>, die in der Zeichenanalyse besprochen wurde (3.2.1.), und die orthoëpischen Äußerungen der Lesemeister, die vor Vermengung von d und t warnen (Ick. S. 132, Kol. S. 74, Fab. S. 16), sprechen, parallel zu den labialen Verschlußlauten, auch für den Zusammenfall der Dentale in den Mundarten. Im An- und Auslaut besteht keine phonemische Opposition zwischen /d/ und /t/. Ickelsamer meint, daß das

> teütsche Deüfel/ ... auch nach seiner stymm im nennen
> billicher mit ainem /d/ denn mit aim /t/ solt geschriben
> werden (S. 153).

In allen Texten wechselten Formen von d mit t und umgekehrt im An- und Auslaut: <trâhet> neben <gedrâet> (Ick. S. 134, 143), <toppel-> neben <doppel> (Kol. S. 83, 66), <teutschem> neben <deutschen> (Fab. S. 2, 1), <Getruckt> neben <Gedruckter> (Hel. S. 1). Für den Anlaut ist anzunehmen, daß der Dental eine stimmlose Lenis geworden ist. Im Auslaut ist Schreibung mit <t> oder <dt> ein Versuch, die Auslautsverhärtung zu bezeichnen: <grundt, nodt, todt> (Kol. S. 70, 77, 73), <abent, gelt, munt> (Fab. S. 1, 12, 15).

Im intervokalischen Inlaut ist der Unterschied zwischen Fortis und Lenis erhalten geblieben (Moser 1909, S. 157): <thetens>, <rede>, (Ick. S. 124, 120). Fabritius' Schreibung von <hedde> (hätte) (S. 39) zeigt niederdeutschen Einfluß. Doppelkonsonanz kann Vokalkürze anzeigen, aber in Fällen, wo <tt> auch nach

Diphthong geschrieben wird, ist anzunehmen, daß der Autor einen Fortislaut andeuten will, z.B. <bedeüttung, demüttig, gütten> (Ick. S. 131, 123, 156). Belege sind in allen Texten zu finden.

Der Zusammenfall vollzog sich in den Dialekten in verschiedenem Ausmaße, so daß Mundarten, in denen die Zahnlaute (meist im Anlaut) als Lenis zusammenfielen, anderen Mundarten gegenüberstanden, wo mhd. d, t ihre fortis:lenis Opposition aufrechterhielten (Penzl 1984, S. 61-62). Daraus ergaben sich schon früh Nebenformen aus lenisierenden Mundarten, z.B. <deutscher> (nur bei Fabritius belegt, S. 1), <geduldig> (Hel. S. 38), denen Formen in nichtlenisierenden Mundarten gegenüberstanden: <teutsch> (in allen anderen Texten belegt), <gedultigen>, <gedultig> (Hel. S. 31, Ick. S. 157). Durch gegenseitige Beeinflussung und durch Austausch dringen sie in die Schriftdialekte ein und stehen oft nebeneinander in denselben Drucken. Die Lenisformen sind in der nhd. Hochsprache erhalten, wobei bei lt > ld eine Sonderentwicklung vorliegt (Penzl 1984, S. 62). Inlautendes nd und nhd. nt wechseln noch in allen Text in den Formen <under>, <unter>, <hinden> (s. 3.2.1).

Kolroß und Helber besprechen die besondere Aussprache der Graphemfolge <ti> in lateinischen Fremdwörtern, wo t als Affrikata [ts] gesprochen wird (Kol. S. 76, Hel. S. 9)[1]. Kolroß besteht auf einen Aussprachunterschied zwischen den Graphemfolgen <dt>, <th> und den einfachen Verschlußlauten. Er behauptet, daß sie weder "gantz starck/ ouch nicht gar lind ir ußsprechen haben" (S. 74). Fabritius scheint mit ihm übereinzustimmen (S. 16), läßt aber seine Unsicherheit durchblicken, wenn er die Schreibung anderer mit <t> akzeptiert. Ickelsamer lehnt diese Interpretation ab, da "ye kain stym ... zů gleich mitainander geben [kan] den linden vnd herten laut/ des /d/ vnd /t/" (S. 154). <u>th</u> entspricht einem <u>t</u> in der Aussprache (S. 141).

Bei Kolroß findet sich Assimilation von <u>d</u> an den vorausgehenden Liquid in der Form <we<u>r</u>n> (werden) (S. 79). Fabritius zeigt besonders oft Assimilation des inversierten Pronomens du an das vorhergehnde <u>t</u> der Verbalendung: <kans<u>t</u>u>, <mags<u>t</u>u> (S. 2, 6) usw. Einschub des Dentals nach Nasal ist häufig belegt in <kün<u>d</u>en> (können) (Ick. S. 134, 138, Fab. S. 12). Im Auslaut kommt Epenthese, Konsonantenzugabe, vor: <yetz<u>t</u>, niemand> usw. (s. 3.2.1), doch ist die Entwicklung noch nicht in allen Formen durchgeführt, in denen das Nhd. sie zeigt: <ops> (Obst) (Hel. S. 30), <offenlich>, <wesenlich> (Ick. S. 121). Umgekehrt finden wir auslautenden Dental in Wörtern, die ihn nicht in die Sprache der Gegenwart übertragen haben: <zwischen<u>t</u>>, <neben<u>t</u>> (Fab. S. 29, 40), <dennoch<u>t</u>> (S. 121).

5.1.3 <g, k, q>

Ickelsamer beschreibt /g/ der Artikulation nach als Verschlußlaut, dem Klang nach als Reibelaut:

> das /g̊/ [wird gemacht vnd genant] so die zung das eüsserst
> des gůmens berůrt/ wie die Gens pfeyfen wenns ainen
> anlauffen zůbeyssen (S. 128).

Daß /g/ als Reibelaut gilt, geht aus seiner Anordnung der "mitlautenden Bůchstaben" hervor. Kolroß zählt es zu den "heimlichen Bůchstaben" (S. 71). Für /g/ als Verschlußlaut im Anlaut spricht Ickelsamers Bemerkung, daß "ain ander und harter /g/ lautet in den wörtern Galilea/ Gans/ Gaul/ dann in Jörg" (S. 140). Fabritius stimmt mit ihm überein. Aus seiner Beschreibung ist auf die Artikulation eines Verschlußlautes zu schließen, auch wenn sie nicht ganz die Ansprüche der modernen Sprachwissenschaft erfüllt: "der buchstab g wirt ausz gefurt vnd angehapt yn wendig des mundes vnd stost an die kelen" (S. 17).

Der Reibelautcharakter eines anlautenden <g> wird nur von Fabritius erwähnt, der schreibt, daß

> yn ettlichen landen das g gebraucht wirt für i vnd e als ye.
> ie, so wils doch yn oberlanden vnd yn vnser ard nicht sein:
> Als ielt gelt, yot gott, yut gud usw. Ich bleib bey dem g vnd
> bey der krafft vnd stym des buchstaben g: Als: Gott gibt
> allen tag gnad vnd barmhertzikeit (S. 17).

Er muß sich hier auf das nördliche Mittelfränkisch beziehen, wo anlauten <g> spirantisch gesprochen wird (Moser 1909, S. 159). Helber gibt keine Beschreibung des Lautes, sondern zeigt an Beispielen, wie "sein eigner hall empfunden [wirdt]" (S. 8), doch zählt er fast nur Wörter mit <g> im Auslaut auf: <Weg, steg, zug, klang, gang, berg> und schließlich <vnbegrüesst> (S. 8).

Abweichend von den labialen und dentalen Verschlußlauten finden wir an- und inlautend kaum Variation in der Schreibung zwischen zwischen <g> und <k>, woraus zu schließen ist, daß sie in Opposition zu einander stehen. /g/ entspricht wohl einer stimmlosen Lenis im Gegensatz zur stimmlosen Fortis /k/. Nur in der Form <Krieche> (S. 65), die im Mhd. belegt ist, weicht Kolroß z.B. von Ickelsamer und Helber ab: <Ghriechen>, <Griechisch> (Ick. S. 125, Hel. 9). Schreibung mit <g> kann auf lateinischen Einfluß zurückgehen oder aus einer lenisierenden Mundart übernommen worden sein. Im Auslaut ist, wie bei /b/ und

/p/, /d/ und /t/, Zusammenfall erfolgt. In den Schriftdialekten wird die Opposition meist aufrechterhalten, so daß die Auslautsverhärtung, im Gegensatz zum Mhd., nicht klar erkenntlich ist. In Analogie an die flektierten Formen wird fast regelmäßig <g> geschrieben: <mag> (Ick. S. 120, Hel. S. 11), <tag> (Hel. S. 39), <lůg> (Kol. S. 67) usw. Vereinzelt findet sich Schreibung von <gk> bei Fabritius, <wenigck> (S. 23). Im mittelbaren Auslaut ist <gk> in Zusammensetzungen, besonders vor dem Suffix -lich und nach velarem Nasal, in allen Drucken häufig belegt und deutet die Verhärtung an.

Obwohl Kolroß Schreibung von <gg> im In- und Auslaut kritisiert, die in der Orthographie des Alemannischen beliebt war (Paul, Moser, Schröbler 1969[20], S. 109), finden wir <gg> noch Ende des Jahrhunderts bei Helber, der es in der Aussprache mit /k/ gleichsetzt (Hel. S. 8). Die direkte Zeichenvariation mit <gk>, <ck> unterstützt die Aussage (s. 3.2.1). In den anderen Drucken finden sich keine Belege für Doppelschreibung von g.

Für /g/ als Reibelaut spricht der Vergleich mit dem Halbvokal <j> und mit dem velaren Reibelaut ch, der von allen Lesemeistern angestellt wird (Ick. 1534[2] S. 59, Kol. S. 75, Fab. S. 17, Hel. S. 10, Ick. S. 140). In der Orthographie spiegelt sich die spirantische Aussprache in der unterschiedlichen Schreibung derselben Wörter wider: <negst, negsten> (Fab. S. 5, Ick. 1534[2] S. 57), <nechst, nechsten, zunechst (Fab. S. 4, Ick. 1534[2] Bl. B5a, Hel. S. 13); <einig> neben <einicher> (Hel. S. 25); <ågzen> für ächzen (Ick. S. 140), <ynschlecht> für einschlägt (Kol. S. 79). Nach Penzl (1975, S. 124) ist /g/ in einigen Mundarten, besonders mitteldeutschen, inlautend zum Reibelaut geworden, wobei es teils Lenis geblieben, teils wie im Auslaut mit der Fortis /ch/ zusammengefallen ist. Bei synkopiertem Präfix ge- wird /g/ als /k/ ausgesprochen vor stammanlautedem f, h, r oder s (Hel. S. 8, 16). Die Graphemfolge <gn> entspricht in Fremdwörtern der Lautung /ngn/ (Kol. S. 77, Fab. S. 8). Assimilation von g an das Ableitungssuffix -keit ist in <barmhertzikeit> (Fab. S. 16) belegt.

Der Fortisverschlußlaut /k/, dem /q/ im Lautwert entspricht, wird nach Ickelsamer "mit ginendem vnd offnem gŭmen oder rachen" ausgesprochen, "wie sich ainer würget oder nŏtet zu vndewen" (S. 130). Fabritius erklärt, daß er "durch die keelen vnd mit offnem mundt [gat]" (S. 17). Beide erkennen, daß <q> lediglich eine graphische Funktion vor /w/, geschrieben <u>, erfüllt und daher also "gantz vnnŏtig vnd vnnütz" sei (Ick. S. 130). Ickelsamer hält beide Buchstaben, <k> und <q>, für überflüssig, da <c>, das im Anlaut vor Velarvokalen und Liquiden mit <k> variiert, die Funktion beider Laute erfüllen kann. Er bezieht sich auf die lateinische Grammatik und weist darauf hin, daß <c> und <q> "vor zeytten ... des /k/ stymm gehabt hab" (S. 138). Zu seiner Zeit entspricht <c> vor den palatalen Vokalen e oder i dem Lautwert der Affrikata <z> (S. 140). Die Lesemeister stimmen hierin überein (Fab. S. 4, Hel. S. 6, Kol. S. 76).

Im In- und Auslaut wird nach Kurzvokal <ck> für den Doppelkonsonant geschrieben, im Auslaut ist es oft nach Liquid und Nasal belegt. In der Aussprache soll es wohl einen Fortislaut andeuten.

Im Anlaut steht <k> außerdem in direkter Variation mit <ch>, das als /k/ ausgesprochen wird (Kol. S. 76, Fab. S. 7). Helber behauptet, daß <ch> im Anlaut einem <kh> gleicht (S. 7). Es ist nicht klar, ob er lediglich c in der

Graphemfolge <ck> durch k̲ ersetzt, oder ob er andeuten will, daß /k/ mit starker Aspiration, also k̲+h̲, artikuliert wird. <kh> ist nur in wenigen Beispielen belegt, meist bei Kolroß vor Langvokal, der es auch als Längebezeichnung, besonders von u̲, identifiziert (S. 72).

Abweichend vom Nhd. finden wir im In- und Auslaut bei Helber <ch> in <bac̲h̲en>, nhd. <backen>, <werc̲h̲>, nhd. <Werk>, <sarc̲h̲>, nhd. <Sarg>, die schon im Mhd. als Nebenformen belegt sind. Hier besteht Schwanken bei Morphemwechsel zwischen dem velaren Reibelaut /ch/ im Auslaut und dem fortis Verschklußlaut <ck>, z.B. <Werc̲k̲es> (Hel. S. 3) im Inlaut.

5.2 Die Reibelaute

Ickelsamer, dessen Richtlinie stets die Lautung ist, zählt zu den Reibelauten alle Buchstaben, die nicht Vokale oder Verschlußlaute sind: "cz. f. g. h. l. m. n. rʒ. ʃ. s. w. x." (Ick. S. 127). Kolroß unterscheidet nur die Sonorlaute "l. m. n. r." als "halbstimmbůchstaben" (S. 71) von den übrigen Lauten, da er in seiner Einteilung nicht von der Artikulation, sondern von den Namen der Buchstaben ausgeht. Fabritius und Helber stellen über die Artikulationsweise der Konsonanten keine direkten Überlegungen an. Die lebhafte Diskussion über einen Aussprache-unterschied bei den labialen und dentalen Reibelauten <f, v> gegenüber <ff>, <s> gegenüber <ss, ß>, die von den Grammatikern der folgenden Jahrhunderte geführt wird (Jellinek 1906, S. 313-63), findet bei den Lesemeistern noch nicht statt, obwohl die ersten Ansätze bereits in ihren Bemerkungen über die

Doppelschreibung zu ermitteln sind. Ihre Meinungen gehen, wie wir gesehen haben, darin auseinander und beziehen sich nicht spezifisch auf die Reibelaute, sondern auf alle Buchstaben, Vokale und Konsonanten. Ickelsamer hält Doppelschreibung aller Art für überflüssig, außer in den Fällen, wo die Aussprache, z.B. <hof=fen>, oder der Wohllaut bei der Verbindung von Silben es verlangen. Als Beispiel zieht er das lateinische Wort "Immunis" heran, das durch Assimilation von <n> an das folgende <m> entstanden ist (S. 155).

5.2.1 <f, v, w>

Ickelsamer beschreibt /f/ als einen labiodentalen Reibelaut:

> f würdt geblasen durch die zene/ auf die vntern lebtzen gelegt/ vnd stymmet wie naß oder grün holtz am feür seüt (S. 128).

Bei Fabritius, für den /f/ ein "heimlich buchstab" ist, fehlt in der Beschreibung der Vergleich mit den Naturlauten, doch stimmt sie sonst ziemlich zu Ickesamers :

> f hat also ein gestaldt, das der blass die ober lefftz auff blaset, Als fi. fe ... do wirstu gewar yn der silben, wie das f pfiset (S. 16).

Ickelsamer schreibt in der **Rechten weis**, daß

> Etliche buchstaben im lesen verwandelt [werden]/ vnd für andere gelesen [werden]/ als dz v vor andern lautbuchstaben für ein f (S. 58).

Daraus und aus der Analyse der Zeichensysteme ergibt sich, daß <v> eine völlig gleichwertige, stellungsbedingte Variante von <f> für denselben stimmlosen, labiodentalen Reibelaut ist. Kolroß bestätigt es, wenn er schreibt, daß /v/ vor einem Vokal "sin stimm [verleßt] vnd zu einem f [würt]" (S. 76). Er unterscheidet in seinen Beispielen in der Aussprache nicht zwischen <Vatter, vogt> und <Venedig, Vincent>, von denen Helber schreibt, daß <v> dort wie ein "halbes od' lindes f" klingt (S. 11). Fabritius besteht auf Schreibung mit <v> nicht <f> in <Venedig>, <Vincent> (S. 5), und obwohl er nichts über die Aussprache aussagt, ist anzunehmen, daß damit ein Ausspracheunterschied gegenüber /f/ verbunden sein kann. Die Mehrzahl der Beispiele, die Helber anführt, sind Namen oder lateinische Lehnwörter mit <v> im Anlaut oder intervokalischen Inlaut, wo v wie im Lateinischen und auch heute im Nhd. als stimmhafte Spirans gesprochen wird. Überraschend ist, daß er die Präfixe ver-, vor- neben <vil, vast, voll, vogel> angibt, die auf alte Lenis zurückgehen (S. 11). Fabritius erwähnt Verwechslung von <v> mit <w> in der Schreibung bei den Westfalen, <won> für <von>, <woll> für <voll> (S. 5), sonst wird jedoch für die frühnhd. Zeit allgemein angenommen, daß die mhd. Unterscheidung von Lenis (<f, v>) und Fortis (<ff, f>), die auf germ. *f, bzw. germ. *p zurückgehen, im Anlaut nicht vorhanden ist (Penzl 1984, S. 62). Es ist anzunehmen, daß Helber in seiner Beobachtung von der Orthographie beeinflußt ist.

Im In- und Auslaut standen <f> unf <ff> in direkter Schreibungsopposition zueinander: <ofen-> gegenüber <offen>, <hoof> gegenüber <hoff> (Kol. S. 73). Kolroß besteht auf einen Ausspracheunterschied zwischen einfachem und Doppelkonsonant (S. 72), der auf Erhaltung von Lenis und Fortis in den Mundarten weist. Im Text sind auch außer den angeführten Beispielen nur wenige Belege für Doppel-f, die nicht aus germ. *p hervorgegangen sind: <Cifer> neben

<Ciffer> (S. 64, 65), <offtmals> (S. 65).

Ickelsamer lehnt einen Ausspracheunterschied kategorisch ab, da, unabhängig davon wie oft man einen Buchstaben schreibt, nur ein und derselbe Laut zu hören ist. Bei Konsonanten ist der Unterschied in der Aussprache durch den vorhergehenden Vokal bestimmt (S. 155). Aus seiner Beschreibung und aus Schreibungen im Text ist nicht auf Trennung von Fortis und Lenis zu schließen. Auch Helber und Fabritius geben kein klares Bild. In allen Texten variieren Formen wie <auf, auff> (Ick. S. 121, 122), <oft, offt> (S. 122, 123), <leftzen>, <lefftzen> (S. 153, 56), <kraft>, krafft> (Hel. S. 3, 4), <Teüffel>, <Vorhoff> (Hel. S. 20). In der Schriftsprache ist die graphische Trennung der alten Lenis und Fortis nicht bewahrt, da ff-Schreibung auch auf Wörter mit ursprünglich germ. *f übertragen wird, woraus eher auf den Zusammenfall der Phoneme zu schließen ist. Im Inlaut wird jedoch noch für die Mundarten die Trennung der beiden Laute angenommen (Penzl 1984, S. 62; Moser 1909, S. 160). In der Form <hoffart> (S. 153), mhd. <hôchvart>, ist bereits die vollständige, rückwirkende Assimilation der velaren Spirans /ch/ an den labiodentalen Reibelaut /f/ belegt.

In direkter Opposition zur stimmlosen Fortis /f/ steht der bilabiale stimmhafte Reibelaut /v/, <wils>, <vil> (Fab. S. 1, Ick. S. 120), <werth> (Fab. S. 2), <feert> (Kol. S. 70), <wern> (Kol. S. 79), <vern> (Fab. S. 32), der sich aus dem mhd. Halbvokal <w> entwickelt. Nach Penzl (1984, S. 63) war dieser Vorgang wahrscheinlich der entscheidende Faktor, der zu dem Phonemzusammenfall der beiden stimmlosen labiodentalen Reibelaute führte.

Ickelsamer beklagt sich, daß das "arm /w/" im Deutschen so unbekannt sei, daß man schier weder seinen namen noch sein gestalt waiß. Ettliche [nennen es] we, [andere] mit zwaien vnterschidlichen lauten /u/ auff ainander, also /uu/ wie der guckgauch schreyet (S. 141).

Er vergleicht w mit der Aussprache von u im lateinischen "Lingua", dem es in der Lautung entspricht und daher auch im Deutschen einfach als u bezeichnet werden sollte (S. 141). Er beschreibt <w> deutlich als bilabialen Reibelaut, der ausgesprochen wird "wie man in ain hayss essen blåst" (S. 128). Fabritius lehrt es den Schüler blasen "als so ein paur den kol keltet vnd blaset" (S. 18). Für Helber ist w ein "mittelding zwischen f, vnd aller Völckern b" (S. 9). Er weist außerdem darauf hin, daß w im Inlaut nach Diphthong oder Langvokal nicht mehr gesprochen wird <beschouwen, nüwlich>, was auch für <ruwen> (Fab. S. 11) anzunehemen ist, das in der Orthographie noch nicht, wie in der Folgezeit, durch ein <h> ersetzt worden ist. Nach Vokal entspricht <w> einem /u/: <Fraw, erfrewest> usw. (S. 9). Nach Langvokal (mhd. â), zum Beispiel <grauwe, blauwe> (Kol. S. 69) ist w vokalisiert und mit â zum Diphthong au verschmolzen (Moser 1909, S. 160). Im Inlaut ist der stimmhafte Reibelaut nur selten belegt: <Ewig> (Hel. S. 9), <ewigkeit> (Ick. 1534[2] Bl. B7a).

Ein Hinweis auf labiodentale Aussprache fehlt bei den Lesemeistern. Im Inlaut findet in einigen Mundarten Zusammenfall von /w/ und spirantischen /b/ statt, wie die orthographische Verwendung von <w> für <b> zeigt. In den Drucken sind keine Belege vorhanden, nur Ickelsamers Kritik an den Deutschen, die "nichts wenigers [verstehn] dann jr aygen teütsch" und daher "die wörter mit vnrechten Büchstaben" schreiben und reden, z.B. <harwant> an Stelle von <harbant> (S. 131-132) gibt darüber Auskunft.

Summe € 12,45

Im Rechnungsbetrag sind 7 % MwSt = € 0,81 enthalten.
Nettobetrag ohne MwSt = € 11,64

Bitte überweisen Sie den Rechnungsbetrag mit Angabe der Rechnungsnummer innerhalb der nächsten 14 Tage auf unser Konto bei der Postbank Ludwigshafen – der Empfang von "Echtzeitüberweisungen" ist nicht möglich.

Bitte beachten Sie den wichtigen Hinweis zu dieser Rechnung auf der Rückseite
IBAN: DE77 5451 0067 0277 7186 79 · **BIC** (SWIFT-Code): PBNKDEFFXXX

5.2.2 <s, ß, sch, sp, st, z, x>

Der graphischen Verschiedenheit in den Schreibungen für den Zischlaut (ſ, s, ss, sz, ß), der im deutschen Konsonantensystem die Stelle eines dentalen Reibelautes vertritt, entspricht keineswegs ein phonologischer Unterschied im Lautsystem. Aus der Zeichenanalyse und aus den Aussagen der Lesemeister (Kol. S. 75) geht hervor, daß das lange <ſ> im An- und Inlaut geschrieben wird, während das runde Schluß-s auf den Auslaut beschränkt ist. <ſ>, <s> sind also stellungsbedingte Varianten für denselben Laut. In meiner Behandlung werde ich daher <s> für beide Zeichen verwenden. Im In- und Auslaut steht <s> im direkten Wechsel mit den Digraphien <ss>, <sz> und der Ligatur <ß>.

/s/ wird von den Lesemeistern mit dem Zischen, "Sibeln" der Schlangen (Fab. S. 17) oder jungen Tauben verglichen. Ickelsamers Beschreibung bestätigt einen dentalen Reibelaut:

> das /s/ ist ein subtil pfeysung oder sibiln auß auf ainander stossung der zene wie die jungen Tauben oder Natern sibilen (S. 128).

Helber bespricht /s/ nur zusammen mit anderen Konsonantenverbindungen, sagt aber über die Aussprache des Zischlautes selbst nichts aus. Historisch geht der Laut auf zwei mhd. Phoneme zurück, mhd. <s> (aus germ. *s̱) und mhd. <z, zz> (aus germ. *ṯ), die bereits spätmhd. zusammenfielen. Alle Mundarten nahmen an dieser Konsonantenveränderung teil, die die wichtigste nach dem klassischen Mhd. war. In der frühnhd. Orthographie spiegelt sich die Entwicklung in der regelmäßigen Schreibung von <das> für mhd. <daz> (daß), <was> für mhd. <waz>, <lassen> für mhd. <lâzen> usw. wider. Die Verwendung von <z>, das in den

Texten mit <tz> variiert, drückt graphisch den Affrikatenwert aus und kommt nur noch vereinzelt als Bezeichnung des Sibilanten vor (bei Fab. S. 7, 11: <daz>), hauptsächlich in der Abkürzung <dz>, die wie wir sahen, in allen Texten belegt ist (s. 2.3).

Im Anlaut ist der Sibilant ein Lenislaut, im Auslaut stimmlose Fortis. Im intervokalischen Inlaut ist eine Opposition von Lenis s̱: Fortis s̱s̱ anzunehmen, die trotz gleicher Artikulation erhalten blieb (Penzl 1975, S. 108), doch ist dies aus der Orthographie nicht immer klar zu erkennen. So steht bei Ickelsamer für die Lenis <diẕe> (1525, S. 42), neben <dis̱em> (Ick. S. 120), für die Fortis <gewis̱er> S. 123), neben <wis̱s̱en> (S. 120). Fabritius schreibt für die Lenis <les̱en, leẕen, les̱zen> (S. 1, 9, 12), <dies̱s̱en> (S. 6), für die Fortis <las̱en, las̱s̱en> (S. 1, 2) usw. Bei Kolroß finden sich Ansätze zu einer Theorie über die Schreibung der stimmlosen Fortis, mit Unterschied in der Aussprache: "wo das s. gantz sanfft vnd lyß vß gesprochen würt/ do schrybt man ein z. dran (also ß. oder ouch also sz.)." Nach den Beispielen bezieht er sich auf auslautendes /s/ nach Langvokal: <Roß/ hoß/ haß/ naß> usw. Er würde hier ein einfaches <s> in der Schreibung vorziehen.

> "Wo es aber weder gantz starck noch gantz lind/ sonder mittelmãßig sin vßsprechen hãdte/ das man als dann ein z. daran schribe."

Hier gibt er Beispiele mit von inlautendem /s/ nach Langvokal: <Strååßen/ grosßen/ flysßen> usw. Nach Kurzvokal, "wo es gantz starck geht" empfiehlt er, daß man das "s. nach der gemeynen regel" dupliere (S. 74). Im Druck werden seine Regeln nicht konsequent befolgt: z.B. <wys̱s̱en> (weiß machen) (S. 71),

<wissen> (S. 75). Er sieht ß-Schreibung außerdem als nützlich zur Bedeutungsunterscheidung bei Homonymen: <ist> gegenüber <ißt> (S. 74). Ickelsamer polemisiert gegen die Schreibung von ß, da die Laute s und z nicht "zůsamen in ain stymm" gehören (S. 154). Zur Zeit Helbers scheint sich eine gewisse Regelung in der Rechtschreibung durchgesetzt zu haben. Die Lenis/ Fortislaute werden getrennt, wenn auch noch nicht ganz nach den Regeln der Gegenwart. Im Inlaut steht <s> für den lenis Zischlaut, <lesen, dise, weisen, heuser> (S. 3, 4, 12, 11), für den fortis Laut steht <ss> nach Diphthong, Lang-oder Kurzvokal <müessig, eusseren, grosser> (S. 9, 11, 4), <gehessig, verdrüssig> (S. 8, 16). Im Auslaut schreibt er überwiegend <ß> neben <s>, z.B. <auß, deßwegen, Verdruß> (S. 4, 17, 16) neben <aus> (S. 3).

Ob die Lenis /s/ bereits stimmhafte Allophone [z] entwickelt hat, ist aus dem Schreibungssystem nicht zu erkennen. Es fehlt auch hier ein Hinweis von den Lesemeistern. Im Jiddischen wurde bereits im Mhd. eine stimmhafte Spirans [z] im Anlaut gesprochen (Penzl 1975, S. 108).

Vor konsonantischer Stellung (l, m, n, w, t, p) fällt /s/ im Anlaut und im Inlaut nach r frühnhd. mit dem Schibilanten /sch/ zusammen. In der Orthographie kommt der Vorgang in der indirekten Zeichenvariation zwischen <s> und <sch> bei Fabritius, <slecht> (S. 2) neben <schlechte> (S. 23), zum Ausdruck. Sie ist sonst in den den Texten nicht belegt, wird aber von Kolroß erwähnt (S. 80)[2]. <sch> wird konsequent vor l, m, n, und w geschrieben, <schmach> (Hel. S. 39), <schwartz> (Ick. S. 133) usw., vor t und p bleibt <s> in der Rechtschreibung erhalten und erfährt Schreibungsumwertung (Fab. S. 22, Hel. S. 18). Fabritius'

Schreibung <wa̱s̱chfaelischen> (S. 5) gegenüber <we̱s̱tfälischen> (S. 17) deutet an, daß /s/ mundartlich beschränkt auch im Inlaut vor Konsonant zum Schibilanten überging (Moser 1951, S. 227). Fabritius' Form zeigt Assimilation von t.

Ickelsamer beklagt sich, daß /sch/ in der Orthographie mit einer Trigraphie bezeichnet wird, da es sich doch nur um einen Laut handelt, ohne daß die Buchstaben die Lautung reflektieren, denn man hört ein

> grob sibeln vnd zischen/ welche stimm das scharff /ß/ nit
> gibt/ so geben jn auch die bůchstaben nitt die bey jm stehn
> (S. 139).

Helber schreibt, daß die drei Buchstaben "einen geschwinden, vermischten, besonderen ton oder hall" haben (S. 7). Fabritius gibt an seine Schüler weiter, was er von Heinrico Huber in der Jugend gelernt hatte, nämlich, daß /sch/ der Laut alter Weiber wäre, "die hůner von dem flachs veriagen wellen" (S. 23). Über Artikulationsort oder -weise ist nur aus der Folgeentwicklung zu schließen.

Daß die Affrikata <z> für die Lesemeister eine Konsonantenverbindung ist, geht deutlich aus ihren Beschreibungen und Schreibungen hervor. Ickelsamer nennt <z> einen "zwifachen bůchstaben", der " das t vnd das s mit einander [in der stimme begreiffe]" (1534[2], S. 56). Bei Helber spricht /ds/ in seiner Erklärung für eine lenisierte erste Komponente der Konsonantenverbindung (S. 4, 6), kann aber auch nur den Zusammenfall von /d/ und /t/ bestätigen. <c> vor e̱ oder i̱ und <z> sind einander gleich. Sie werden artikuliert, indem "die zung oben an den malzenen ansteht/ mit entblösung der selbē" (1534, Bl. A8b). In allen Texten sprechen Schreibung von <ts> an Stelle von <z, tz> und umgekehrt an der Morphemgrenze <tz> für <ts> für die Aussprache der Affrikata, z.B. <le̱ṯst>

(Ick. S. 129), <seltzamer> (S. 122), <fundamentz> (Fab. S. 31). Kolroß erkennt diese Schreibung als falsch (S. 78). Er will überhaupt stellungsbedingte Schreibung von <z> für den Anlaut, <tz> für In- und Auslaut (S. 78), was in den Texten fast regelmäßig zu finden ist. In Fabritius' md. Schriftdialekt wechselt <z> mit <zc, cz>, eine Praxis, die von Kolroß kritisiert wird (S. 78).

Ickelsamer und Kolroß erwähnen, daß <z> in einigen Fällen in der Aussprache einem s gleicht, vor allem in Hebräischen Namen <Zion, Ezra> (Ick. S. 141), <Zebaoth, Pharez, Elizabeth> (Kol. S. 78). Ickelsamer widerspricht sich in der Beschreibung dieses Lautes, den er einmal als "ein sanfftes vnd lindes /s/" (1534, Bl. A8b), später als "ain scharff /ß/" interpretiert. In der Schreibung von <lesten> (Hel. S. 9) ist Assimilation an das s der ursprünglichen Superlativendung <isto> belegt (Paul, Moser, Schröbler, S. 95).

<x> wird ebenfalls als Konsonantenverbindung erkannt: es "thůt so vil als das /gs/ oder /cs/ mitainander" (Ick. S. 129). Fabritius und Kolroß stimmen in der Beschreibung mit Ickelsamer überein (Fab. S. 18, Kol. S. 77). Dies geht auch deutlich aus der umgekehrten Schreibung des synkopierten Präfix ge- vor folgendem s hervor, die von beiden abgelehnt, aber von Fabritius später in seiner Wortliste regelmäßig geschrieben wird: <Xundt, Xang, Xaltzen> (S. 28). Im deutschen Wortschatz ist <x> auf den Inlaut und Auslaut beschränkt: <hăxen-> (Kol. S. 77), <Ax> (Ick. S. 125).

5.2.3 < h, ch, chs, j >

Der Hauchlaut "h ist ein scharpffer athem/ wie man in die Hände haucht" (Ick. S. 128). Eigentümlich ist Fabritius' Bemerkung, das h "aus follem offen mundt [gedt]" (S. 17). Er geht wahrscheinlich vom Namen des Buchstabens "ha" in seiner Beschreibung aus. In seinen Beispielen führt er nur anlautendes h an: <hoszen, hasz> usw. (S. 17). Da /h/ im Druck des **Nutzlich buchlein** vielfach im Inlaut als Längebezeichnung verwendet wird (ihr, yhm, mehr, wohl usw.), ist aus seiner Beispielswahl zu schließen, daß er es nur noch im Anlaut als Phonem kennt. Im intervokalischen Inlaut und nach Liquid ist h verstummt. Dafür sprechen auch im Text die Formen <befollen, bevolen> (S. 1, 41), denen mhd. <bevelhen> entspricht.

Für Helber stehen die Dinge anders. Er beschreibt ein h, das "starck ", ein zweites, das "schwach oder gar stumm" ist (S. 8). Das starke h gilt im Anlaut und intervokalischem Inlaut: <Hals, sehen, geschehen, eher>, das stumme h in der Diagraphie <th> und nach Langvokal im Inlaut: <stehn, gehn, ohn>, aber auch intervokalisch in <ehe, mühe> (S. 8). Es fragt sich, ob er wirklich in seiner Aussprache zwischen <ehe> und <eher> unterscheidet. In beiden Fällen ist h durch analogische Hinzufügung von -e im Nominativ Sing. Fem. und von -er im Komparativ frühnhd. entstanden (Penzl 1969, S. 89) und erfüllt eine silbentrennende Funktion. In <mühe> ersetzt h den Halbvokal mhd. j, der noch bei Kolroß zu finden ist <bemüyend> (S. 65), aber als intervokalischer Gleitlaut frühnhd. schwindet (Penzl 1969, S. 91).

Ickelsamer schwankt in seiner Beschreibung, woraus zu schließen ist, daß eine gewisse Unsicherheit in bezug auf die Aussprache von inlautendem h besteht. Er schreibt:

> Mitt dem h trifft mans auch selten/ wers nit mercken kündt wa es in ainer silben aigentlich gebraucht solt werden/ nemlich in den sylben die man scharpff vnd gleych mit ainem gehauchten athem außspricht als in wehren/ stehn/ da es einen mitstymmer nach jm hat/ dem wolt ich raten er braucht es gar nitt/ dann wa es gantz deütlich ainen laut auß hauchet/ also/ ha/ he/ hi/ ho/ hu/ (S. 154).

Es ist anzunehmen, daß /h/ im Inlaut im Obd. noch gesprochen wurde, was allerdings auch Schreibungsaussprache sein könnte (Penzl 1983, S. 233). Die Form <thon, ton> (Ick. S. 127, Hel. S. 7), die auf mhd. <tâhe> zurückgeht, zeigt Schwund eines intervokalischen h, das sicher nicht nur auf dieses Wort in der Aussprache beschränkt war. Bei Helber scheint h im Inlaut vor folgendem Konsonant (in Beispielen, in denen Ickelsamer es zu hören glaubt) geschwunden zu sein. Orthographisch blieb <h> in jedem Fall erhalten.

Inlautend steht <h> im Obd. in Opposition zu dem stimmlosen velaren Reibelaut <ch>, für den Fabritius und Kolroß als Entsprechung das "kichen" der Gänse angeben (S. 22, Kol. S. 76). Ickelsamer vergleicht /ch/ mit /g/ (S. 141), Helber beschreibt die Digraphie als ein "schwach g" mit einem h, das "gleichsam gedoplet gehört wirdt" (S. 7). Anlautend entspricht <ch> dem Laut eines <k>. /h/ und /ch/ sind oft im Morphemwechsel belegt ist: <sehen, sach> (Fab. S. 21, 41). In Analogie an den Inlaut wird das stumme <h> im nhd. auch auf den Auslaut übertragen, bei Fabritius ist dies noch nicht belegt. Allerdings kann es sich hier auch um Einfluß seines muttersprachlichen obd. Dialekts handeln, da er mit Helber <ch> im Inlaut von <höcher> zeigt, das im Gegensatz zu Ickelsamers

<höher> steht (s. 3.2.2). Im Obd. dringt die velare Spirans des Auslauts auch in den Inlaut (Moser 1909, S. 171), wird oft aber nur mit <h> bezeichnet. Die Konsonantenverbindung <chs> wird frühnhd. "wie ejn lindes ks" ausgesprochen (Hel. S. 7), falls keine Morphemgrenze, wie Genitiv Sing. der Maskulina oder Neutra, vorliegt. Die Orthographie drückt den Wandel nicht aus: <Ochs, fuchs> usw. (Hel. S. 7).

Aus den Kommentaren der Lesemeister ist nicht zu erkennen, ob das palatale Allophon [ç] des velaren Reibelautes bereits gesprochen wurde. Dagegen beschreiben sie den Halbvokal /j/ trotz graphischer Überschneidung mit <i> als einen Laut mit Reibelautcharakter: <j> entspricht einem "halben g" (Kol. S. 75; Fab. S. 16), "als Jesus/ ieger" (Kol. S. 69). Helber schreibt, daß man "teils ein g hört, vnd gleichsam ein i darauf" (S. 10). Er vergleicht es mit der französischen und italienischen Aussprache von <Genf, Genua, Georg>. "Etlich schreiben Jörg" (S. 10). Auch bei Ickelsamer entspricht i̲ "vast" einem g vor anderen Vokalen (S. 140). Orthographisch wird dies oft durch ein folgendes h̲, also <jh->, angedeutet. Eine Ausnahme bilden <ye, yederman, yedes>, wo i̲ seinen vokalischen Charakter behält (Kol. S. 69)³. Die Entwicklung von mhd. i̲e̲ zu j̲e̲ im Anlaut ist erst im 17. Jahrhundert durchgedrungen (Penzl 1975, S. 125). Als stimmhafte, palatale Spirans kontrastiert /j/ mit dem stimmlosen, palatalen Allophon [ç] des velaren Reibelautes [ch].

In intervokalischer Stellung ist der Halbvokal nach Kolroß als Gleitlaut erhalten <Mey̲er, schley̲er, ey̲er, may̲en> (S. 76) und auch bei Fabritius und Helber noch belegt: <may̲hen> (Fab. S. 10), <zweii̲en> neben <zweigen> (Hel. S. 28). Bei

Fabritius wechselt <czweyen> (S. 8) mit <zweyhen> (S. 4, 5), <linien> mit <linihen> (S. 11, 10), wobei Schreibung mit h lediglich als Silbentrennung stehen oder aber die konsonantische Aussprache des i (<y>) andeuten kann.

5.3 Die Sonorlaute

Die Sonorlaute zeigen, mit Ausnahme der Phonemisierung von ng zum dritten Nasalphonem, keine Veränderung im Frühnhd. im Vergleich zum Mhd.

5.3.1 <l, r>

In der **Rechten weis** beschreibt Ickelsamer den Laterallaut /l/ mit einem Naturlaut "wie der ochs lüllet" (S. 56), in der **Grammatica** als ein "zungen buchstab" mit Verschlußbildung: "die zung wirt oben an den gůmen getruck/ so sich der mund gleich zum lachen vnd frőligkeit schickt" (S. 128). Fabritius bietet eine etwas genauere Beschreibung:

> l ... wirt mit der zungen gefurt, das die zung oben ym mundt
> an stoszt, fornen an die zeen gehalten vnd wider darvon
> genomen (S. 17).

Phonotaktisch scheint /l/ die Rundung der Vordervokale, i und ü, e zu ö, zu begünstigen (s. 4.1, 4.2). Kolroß und Helber besprechen den Liquid nicht. Doppelschreibung ist, wie auch bei den Nasalen, häufig belegt und deutet Vokalkürze an.

/r/ wird deutlich als gerollter Zungenspitzenlaut beschrieben, worüber die

Orthographie selbst keinen Aufschluß gibt. Ickelsamer und Fabritius sind auch hier die einzigen, die versuchen, die Lautbildung des Phonems zu schildern. /r/ ist traditionell der "Hundts bůchstab/ wann er zornig die zene blickt vnd nerret so die zung kraus zittert" (Ick. S. 128). Fabritius schreibt, daß r mit "schůteren der zungen" gebraucht wird, "wie man pfleget die hundt zu spoten" (S. 17). Aus der Orthographie und den Angaben von Kolroß (S. 66) geht hervor, daß <r> eine nicht distinktive Zeichenvariante <ʒ> hat, die im In- und Auslaut vorkommt. Daß /r/ in einigen Mundarten als uvulares [R] gesprochen wurde, z.B. in Schlesien, ist von Moulton (1952, S. 83-89) ausführlich behandelt worden.

In den Texten variieren, besonders bei <da->, Formen mit oder ohne /r/. Vor vokalischem Anlaut steht in präpositionellen Zusammensetzungen <dar->, vor konsonantischem Anlaut meistens <da->: <darinen>, <darumb> (Fab. S. 6, 21), <daran> (Hel. S. 3); <damit>, <daher> (Hel. S. 11, 4), aber auch <darmit>, <dardurch> (S. 25, 3). In der **Rechten weis** wechseln <hie zu> und <hierinn> (S. 54). Synkopierte Schreibungen wie <keinr> (Ick. 1534, Bl. C6b) könnten Vokalisierung von r bedeuten. Bei Helber ist ein Sproßvokal zwischen Diphthong und r belegt, der in den anderen Drucken noch nicht vorhanden ist: <feüer>, (S. 16) im Vergleich zu <feur> (Fab. S. 34), <feüre> (Ick. S. 128).

5.3.2. < m, n, ng >

Die Nasale sind im allgemeinen im Frühnhd. in ihrer alten Verteilung unverändert geblieben. /m/, der "Kue brummer" (S. 135), wird von Ickelsamer und Fabritius als bilabialer Laut beschrieben, der artikuliert wird, "so man bede lebtzen auff ainander truckt" (Ick. S. 128). Nach Fabritius wird /m/

> also gebraucht, wie ein Ochs narset oder trieset, yn wendig dem mundt vnd den mundt fornen die zwen lefftz zu samen lasen gan, Als wan ich schreyben wil: mungck, magt, marckt, maister (S. 17).

Kolroß vergleicht den Laut auch noch mit dem Ton des großen "ror in der sackpfyffen" (S. 72). /n/ ist ein apiko-dentaler (Fab. S. 17) oder apikoalveolarer Nasenlaut:

> dann er treibet ainen athem durch die nasen/ das er dem nenner gleich im hirn klingt/ vnd růrt die zung oben an den gůmen// vnd wer ain schwach oder blőd hirn hat / dem thůt dises bůchstaben nennung wehe (Ick. S. 128).

Ein Naturlaut als akustische Beschreibung fehlt bei den Lesemeistern, während Fuchßperger das n̄ dem Summen im Flug einer Hummel oder Wespe vergleicht (Müller 1882, S. 173)[4]. Daß <mb> eine Wandlung zu <mm> erfahren hat und nur noch orthographisch erhalten ist, haben wir aus den umgekehrten Schreibungen (s. 3.2.1) und Helbers Kommentar gesehen. Gleitlaute, labiale nach m, dentale nach n, werden regelmäßig in den Texten nach den Nasalen geschrieben.

Parallel zu dem Wandel von mb wurde die Verbindung ng durch Schwund des Verschlußlautes zum dritten Nasalphonem. Ickelsamer beschreibt den velaren Nasal /ŋ/, der wohl zuerst im Inlaut entstand, da die Auslautsverhärtung die Phonemisierung des Allophones von /n/ vor velarem Verschlußlaut verhinderte, wie aus den Schreibungen in den Texten hervorgeht. Ickelsamer kritisiert die Orthographie, die den Laut mit <ng> bezeichnet, obwohl in den Wörtern

Engel/ angel/ franck ... weder das /n/ noch das /g/ volkomlich [gehört wird], sonder man hört auß jrer zůsamen schmeltzung vil ain ander gethőn vnd stimm (S. 139).

Er überträgt seine Erkenntnis von der phonetischen Einheit der Digraphie <ng> auch auf <nk>, was natürlich falsch ist, da sich /k/ nie an das n̲ assimiliert hat und auch heute noch gesprochen wird. Aus seinem Irrtum geht jedoch hervor, daß der velare Nasal auch vor k̲ gesprochen wurde. Umgekehrte Schreibungen bei Fabritius, z.B. <gede n̲gkest, Fra n̲gckreich, Fra n̲gckfurt> (S. 4, 20, 30) bestätigen die Aussprache. Schreibung von <ngk>, meist im mittelbaren Auslaut, die bei Ickelsamer, Kolroß und Fabritius belegt sind, deutet an, daß der velare Nasal allophonisch vorhanden ist, der Phonemisierungsvorgang in dieser Stellung jedoch noch nicht abgeschlossen ist: <ju n̲gkfrowen> (Kol. S. 65), <vrsprü n̲gklich> (Ick. S. 149), <anfe n̲cklich> (Fab. S. 10). Bei Helber sind noch vereinzelte Belege zu finden: <Ju n̲gkherr> (S. 10).

5.4 Das Konsonantensystem

Nach den Aussagen der Lesemeister und den Schreibungen in den Texten ergibt sich das Konsonantensystem für die Sprache des 16. Jahrhunderts. Die folgenden Tabellen sind eine Zusammenfassung der Phoneme, die, wie wir gesehen haben, fast ausnahmelos für die vier Texte gelten. Die Halbvokale sind Reibelaute geworden, für /w/ wird ein bilabialer Laut angenommen. /r/ ist apikal. Intervokalisches /h/ wird wahrscheinlich noch in den obd. Mundarten gesprochen. /ŋ/ ist als drittes Nasalphonem deutlich beschrieben. Trennung von Lenis und

Fortis ist für den labiodentalen Reibelaut außerhalb des Anlauts anzunehmen. Für die Affrikata /kh/ sind keine eindeutigen Belege bei den Lesemeistern zu finden. Die Tabelle gibt nicht die spirantischen Allophone der Lenislaute /b/ und /g/ an, die jedoch beschrieben werden.

DAS KONSONANTENSYSTEM NACH DEN BESCHREIBUNGEN DER LESEMEISTER UND SCHREIBUNGEN IN DEN TEXTEN

	labial	dental	palatal	velar
Verschlußlaute				
Lenis	/ b	d		g
Fortis	p	t		k
Reibelaute				
Lenis	f	s		h
	w [ß]		j	
Fortis	(ff)	ss		ch
		sch		
Affrikaten	pf	z [ts]		(kh)
Sonorlaute				
Nasale	m	n		ŋ
Liquide	l	r		/

BEISPIELE AUS DEN TEXTEN

		labial	dental
Verschlußlaute Lenis		Bi<u>b</u>el (K)	<u>d</u>ises (K)
Verschlußlaute Fortis		hau<u>p</u>t (I)	<u>t</u>eutsches (H)
Reibelaute Lenis		<u>f</u>romen (F)	le<u>s</u>en (I)
		<u>w</u>eis (Ia)	
Reibelaute Fortis		o<u>ff</u>en (K)	wi<u>ss</u>en (H)
			<u>sch</u>reyber (F), <u>s</u>prach (K)
Affrikaten		<u>pf</u>lege (H)	<u>Z</u>yt (K), gan<u>tz</u>e (K)
Sonore Nasale		<u>m</u>an (H)	<u>n</u>utzlich (F)
Sonore Liquide		<u>l</u>ernen (F)	<u>r</u>echte (Ia)

I = Ickelsamer
Ia = <u>Rechte weis</u>
K = Kolroß

F = Fabritius
H = Helber

IN DERSELBEN ANORDNUNG

palatal	velar
	gut (F)
	ḵynd (K)
	hö̱her (I), seẖen (F)
i̱ungen (F)	
	Rec̱hen- (F), sic̱ht (Ia)
	(kh)
	maṉgel (I)

ANMERKUNGEN

1. Kolroß schreibt: "[du] solt ouch wissen/ wo nach der silben ti. ein stimmbůchstab von stund an volget/ das du ci vnd nit ti låsest/ dann t. würt do ein c." (S. 76). Dem entspricht bei Helber (S. 9): "Das T hat neben seiner eignen aussprach, auch das es ts gilt, wan nach im steen dise Vocalen ia, ie, ii, io, od' iu: ausgenommen wan vor disem t, ein s oder x gestellt ist."

2. Über die Schreibung <s> an Stelle von <sch> sagt Kolroß, "das offt der bůchstab s. allein für sch. geschriben würt/ vnd dasselbig geschicht gemeingklich in den worten/ in welchen nach dem sch. diße bůchstaben/ namlich l.m.n.r.vnd w. von stund an volgend/" (S. 80).

3. Für die vokalische Aussprache in den Formen <yeder, ye> usw. spricht Kolroß' Bemerkung: "Doch sol man wissen/ das das i vor dem e nit allweg sin stimm behalt/ dann es würt dickermol glych einem g das lind gesprochen würt/ ... aber in nachgenden wortten behalt es sin stimm/ als ye vnd ye/ yederman/ yedes/ lyeb/ dyeb/ ..." (S. 69).

4. Fuchßperger schreibt: "Das n klingt wie der humel oder weftzen flug/ durch die nasen. Als den neidern sein feind die neidigen" (in Müller 1882, (S. 173).

6. SCHLUSSFOLGERUNGEN

Das Ziel der Arbeit war, die Aussprache des Frühneuhochdeutschen des 16. Jahrhunderts aus den orthoëpischen Äußerungen der vier Lesemeister und aus den Schreibungen in den Texten zu erfassen. Der Vergleich der verschiedenen Beschreibungen der Laute, bei der die Lesemeister von der Lautung selbst ausgehen, und die Orthographie der Texte ermöglichte uns, ein recht zuverlässiges Bild über die frühnhd. Sprache zu gewinnen.

Jeder Autor trägt auf seine Weise zur Erkenntnis der sprachlichen Verhältnisse bei. Durch Ickelsamers artikulatorisch-akustische Beschreibungen, mit denen auch Fabritius oft übereinstimmt, gewinnen wir Einblick in die Artikulationsweise und den Artikulationsort bei der Erzeugung verschiedener Laute, die sich nicht von der Lauterzeugung in der Sprache der Gegenwart im Wesentlichen unterscheidet. Fabritius gibt mehr Information über abweichende, dialektische Züge, wenn er gegen Provinzialismen westfälischer Schreiber eifert, die <w> an Stelle von <v> schreiben, das schwäbische <au> verurteilt und sich gegen die spirantische Aussprache von /g/ im Niederdeutschen, bzw. Niederrheinischen ausspricht. Von Kolroß werden wir über den Stand der frühnhd. Diphthongierung informiert, und Helber teilt sein Wissen von der unterschiedlichen Praxis der wichtigsten Druckersprachen mit, die noch zu seiner Zeit existieren.

Von einer Gemeinsprache, die über den Mundarten steht, kann im 16. Jahrhundert noch keine Rede sein. Ickelsamer, Fabritius, Kolroß und Helber sind weder an einer Aussprachenorm, noch an einer einheitlichen Schriftsprache direkt interessiert. Sie fällen keine Werturteile und kritisieren nur grobe Dialektabweichungen. Die eigene Mundart ist für sie vorbildlich, im übrigen überlassen sie es jedem selbst zu entscheiden, welchem Brauch er in der Schreibung folgt. Sie treten jedoch für eine gewisse Regelung in der Orthographie ein, in der Hoffnung, die Schriftsprache in Einklang mit der gesprochenen Sprache zu bringen. Ihre pädagogischen Erwägungen sind hier maßgebend.

Die Drucker halten sich nicht an die orthographischen Vorschriften der Lesemeister. Ickelsamer lehnt Doppelschreibung jeder Art ab, sie ist jedoch häufig belegt. Er spricht sich gegen Verwendung von <th, dt> und die Ligatur <ß> aus, die dennoch regelmäßig, besonders im Auslaut, gedruckt sind. Kolroß tritt für Längebezeichnung der Vokale ein, spezifisch für Unterscheidung der i-Laute in der Orthographie (s. 3.1.1, 4.1). Er will <å> in der Schreibung von <a> und <o> differenzieren (s. 3.1.1, 4.4), und stellt Regeln auf über die orthographische Verwendung von <s, ß, ss> (s. 5.2.2), doch bleiben seine Vorschläge im Druck oft unbeachtet. Alle, mit Ausnahme von Helber, bei dem Schreibung von doppeltem <nn> in Formen wie <vnnd> oder im Auslaut eines Infinitivs nicht belegt sind und auch nicht zur Sprache kommen, verurteilen die Praxis, ohne Einfluß auf den Druck ihrer Werke ausüben zu können. Schreibung von <th> in deutschen Wörtern, die noch in den dreißiger Jahren diskutiert wird, scheint sich am Ende des Jahrhunderts durchgesetzt zu haben und ist für Helber kein Thema mehr.

Die Druckersprachen reflektieren nicht unbedingt die Sprache des Autors. Der Basler Druck des **ENchiridion** spiegelt wahrscheinlich am besten die lokale Mundart des Verfassers wider. Die Diskrepanz zwischen der Schriftsprache der **Rechten weis** und Ickelsamers **Grammatica** ist auf die unterschiedliche Praxis der Marburger Offizinen zurückzuführen. Aus seiner Behandlung der Diphthonge in der **Rechten weis**, in der er <ai, ů, ü̊> als besondere Laute angibt, im Text jedoch nur <ei, u, ü> geschrieben werden, ist anzunehmen, daß seine Sprache der bairisch-schwäbischen Mundart nahestand (s. 4.6).

Fabritius' **Nutzlich buchlein** repräsentiert den md. Schrifttyp, aber gelegentliche Schreibungen lassen seine obd. Herkunft durchblicken. Helbers **Syllabierbůchlein** dagegen zeugt davon, daß die Ansätze zu einer Gemeinsprache bereits im 16. Jahrhundert zu finden sind, auch wenn sie nicht bewußt von den Lesemeistern angestrebt wird. Die praktischen Erwägungen des Buchdrucks fördern die Entwicklung, um die neue Literatur einem weiten Leserkreis zugänglich zu machen. Der md. Sprachtyp, der heute im Rückblick als die Grundlage der deutschen Hochsprache anerkannt wird, macht seinen Einfluß auf die Schriftsprachen anderer Dialektgebiete bemerkbar und ist zu Helbers Zeit in alemannisches Dialektgebiet vorgedrungen. Helbers Sprache unterschied sich von Fabritius' vor allem dadurch, daß er fast regelmäßig die Diphthonge <ue, üe> von <u, ü> unterscheidet.

Wenn wir überlegen, daß vor den Beschreibungen der Lesemeister, die die ersten Grammatiker der deutschen Sprache waren, keine Information über die

Aussprache des Frühneuhochdeutschen des 16. Jahrhunderts existiert, dann ist ihre Arbeit von unersätzlichem Wert, auch wenn sie nicht den Ansprüchen der modernen Sprachwissenschaft gerecht werden. Ihre Beschreibungen sind zum Teil naiv und kindlich und oft in Verbindung mit orthographischen Regeln formuliert. Das Prinzip "Schreib wie du sprichst", von dem sie ausgehen, wird manchmal in ihren Beobachtungen vom Einfluß der lateinischen Grammatiker und von der traditionellen Orthographie verdrängt.

Ihre Aussagen über die Vokale und Diphthonge zeigen den Stand der mundartlichen Verhältnisse ihrer Zeit, die auch zum größten Teil noch für die Gegenwart gelten. Das Alemannische zeigt weder Diphthongierung noch Monophthongierung, die für das Mitteldeutsche charakteristisch sind, während das Oberdeutsche sonst an der Diphthongierung teilnahm. Abweichend von der Aussprache bestehen die Lesemeister unter Einfluß der Orthographie auf Trennung der Umlaute /ü/ und /ö/ von den ungerundeten Vokalen /i/ und /e/, obwohl sie in den meisten Mundarten zusammengefallen waren (s. 4.1, 4.2). Ihre Beobachtungen über die e-Laute geben kein klares Bild. Es sind zwei lange e-Laute anzunehmen, ein offenes [ɛ:] und ein geschlossenes [e:], letzteres ist im Zusammenfall der Grapheme <ä> und <e> in <e> belegt (s. 4.2). Bei /ä/ finden wir Übergang von der phonetischen Unterscheidung des Lautes zur etymologischen Verwendung des Zeichens für Formen mit Morphemwechsel. In der nhd. Hochsprache geht die Erhaltung eines offenen [ɛ:] auf Schreibungsaussprache von <ä> zurück. Länge und Kürze der Vokale werden nicht ausdrücklich behandelt, aber aus den orthographischen Anweisungen geht hervor, daß sie von den Lesemeistern unterschieden werden (s. 3.1.1, 4.5). Für die Diphthonge <ei> und <ai> sind Ausspracheunterschiede aus den Bemerkungen von Helber und den Schreibungen von Ickelsamer anzunehmen (s. 4.6).

Aus den Beobachtungen der Lesemeister über die Konsonanten und aus den Schreibungen können wir auf den phonotaktisch beschränkten Zusammenfall der Verschlußlaute schließen (s. 5.1.1, 5.1.2). Auch hier stehen die Lesemeister unter dem Einfluß der Schriftsprache, wenn sie auf Trennung von /b/ und /p/, /d/ und /t/ bestehen. Die Beschreibungen und die Kritik an der Aussprache der Lenislaute /b/ und /g/ sprechen deutlich für spirantische Allophone der beiden Phoneme (s. 5.1.1, 5.1.3). Die Halbvokale /w/ und /j/ sind zu Reibelauten geworden. /w/ wird als bilabialer Laut beschrieben, jedoch sind auch labiodentale Allophone anzunehmen. Im Konsonantensystem steht der stimmhafte Reibelaut in Opposition zum stimmlosen labiodentalen /f/ (s. 5.2.1). /j/ wird zum stimmhaften Partner des stimmlosen Allophons [ç] der velaren Spirans /ch/. Hierüber gibt uns die Folgeentwicklung Aufschluß. Weder die Lesemeister noch die Orthographie unterscheiden die Allophone [ç] und [χ] (s. 5.2.3).

Wir finden Ansätze zu einer Diskussion über Aussprachunterschied bei Doppelschreibung, besonders von <ff>, ein Thema, mit dem sich die Grammatiker der folgenden Jahrhunderte beschäftigen (s. 5.2.1). Über die Phonemisierung von stimmhaftem /z/ in Opposition zu /s/ erfahren wir nichts. Das /r/ wird deutlich als apikaler Laut beschrieben (s. 5.3.1). Das dritte Nasalphonem /ŋ/ ist für den Inlaut belegt, im Auslaut deutet die Auslautverhärtung von /g/ an, daß die Entwicklung noch nicht abgeschlossen ist

(s. 3.2.3, 5.3.2). Für das intervokalische /h/ ist anzunehmen, daß es noch gesprochen wurde (5.2.3).

Die Realisierung der Laute in der gesprochenen Sprache, abgesehen von der unterschiedlichen Entwicklung der Vokale in den Mundarten, zeigt sicherlich viel größere Ausspracheunterschiede, als die synchronische Analyse erkennen läßt. Wir finden jedoch im Lautsystem des 16. Jahrhunderts bereits alle Phoneme, die später die Grundlage der nhd. Hochsprache bilden.

ANHANG

AUSSCHNITTE AUS DEN SCHRIFTEN DER LESEMEISTER

Rechts: Titelblatt des Originaldrucks
Meister Hans Fabritius, **Eyn Nutzlich buchlein** (1531).
In: Meier 1895.

Eyn Nutzlich buchlein etlicher gleich stymender worther Aber vngleichs verstandes / denn angenden deutschen schreyb schülern / zu gut mit geteylt / Durch Meister Hanssen fabritiū Rechenmeister vnd deutscher schreyber zu Erffurth

MEISTER HANS FABRITIUS

Eyn Nutzlich buchlein etlicher gleich ſtymender worther Aber vngleichs verſtandes/... (1531). In: John Meier 1895, S. 20-21.

Ich bin wol yn ettlichen ſtedten, dar ich ſchul gehalten hab, vnder zeithen yn die ſchulen gegangen vnnd zu gehört, wie man die kinder buchſtaben lerte, Aber zu zeiten den ellendiſchen, groſten yamer geſehen mit buchſtaben leren, das ich kaum an gelacht zu der ſtuben thur aus komen mocht, was groſer ſchaden vnnd verderbniſz iſt doch auff erden! dan ſo man die kleinen kinder alſo falſchlich lert, yetzund, wo wyr ſchreibmeiſters ſchulhalten vnd man uns yungen zu bringet, die ein yar oder zehen zu der ſchul ſeind gegangen, ſo ſprechent ettlich: "Lieber Meiſter, hier bring ich euch ein yungen, der kan woll leſen vnd ſchreiben, was wolt yr nemen vnd yn beſſer leren?" Ja, iſt wol geſagt! kan ers, was ſol ich yhn leren? Antwort ich zu meinem theil, das ich lieber ein yungen leren wil, der nie keyn [Cvijb] ſchul angeſehen hat, ich wil verſchweigen, darin gekomen. was ander verderben von yugent auff, das ſollen dan wir guten Meiſter zu rechte bringen, ya vmb drey ader vier ſchneberger, da man dem falſchen buchſtaber drey ader vier gulden hat geben muſen. yha, ſprechen ein theil: "mein kindt iſt zu klein ynn die ſchreibſchul zcu geen". Lieber freundt ader wer du biſt, wers nit beſſer yn der yugent recht gelert mit rechtem fundament, dan mit falſchem leren vnd vnrechten buchſtaben? welchs beſſer, nützlicher iſt, ſtell ich einem yeden heim zu erkennen. wan ein yeder lerte, das er kunde, vnd lieſz ein andern auch das leren, was er kundt! das ein ſchmidt ſchumachen wolt vnd ein ſchumacher hoſen, glaub ich, das das wunderlich ſchu werden wolten, auch ſelttzam hoſzen: Darumb wers gut, mit was geiſt vnd gab ein yeder begabt wer, das er ſich darmit lieſe begnügen. yetzunder ſeint ettlich winckel ſchreiber, wöllen [Cviija] teutſch leren ſchreiben vnd, wans vil gelten ſolt, ſo wuſtens kaum, was recht Teutſchleren wer. Aber der ſelben eſſels köpfen vertrawet man vil mer dan eynem rechtſchaffnen ſchreiber; ya, ſolt ich etlich nennen, die vnder mir ſchulgehalten haben, wie ſolten ſie noch zcu der ſchreibſchul lauffen, ſo möchten wyr ſehen was ſchreiben, ſetzen, dichten wer. Es ſey den heimlichen winckel ſchreiber geſchenckt zum guten newen iar: wolte gott, es möcht dahin komen, das man vns vnd alle, wo wir ſchul wölten halten, vorhin examinierte, was yeder kunde ſo wolten wir wol ſehen, wer das worth Meiſter behelt. Als die löblichen ampten, zunfften ynn den Reichſtedten: wil einer meiſter werden, ſo muſs er vorhin Meiſter ſtuck beweiſen; kan ers, ſo behaldt ers, kan ers aber nicht, ſo zeigt man ym die ſchul widder. Alſo geſchehe allen vngefiderten foglen auch, die zu frue meiſter wöllen werden.

SEBASTIAN HELBER

Teutſches Syllabierbŭchlein, Nemlich Gedruckter Hochteütſcher ſprach Leſenskunſt: ... (1593). S. 24-25.

[Jezt komen wir zu den 6. Diphthongen die am Haupttitul diſes Bŭechleins gemeldt. Viererlei Teŭtſche Sprachen weiß ich, in denen man Bŭecher druckt, die Cŏlniſche oder Gŭlichiſche, die Sâchſiſche, die Flâmmiſch od' Brabantiſche, [32] vnd die Ober oder Hoch Teŭtſche. Vnſere Gemeine Hoch teŭtſche wirdt auf drei weiſen gedruckt: eine môchten wir nennen die Mitter Teŭtſche, die andere die Donawiſche, die dritte Hôchſt Reiniſche: (dan das Wort Oberland nicht meer breŭchig iſt.) Die Drucker ſo der Mittern Teŭtſchen ausſprach als vil die Diphthongen ai, ei, au, ꝛc. belangt, haltē, verſtee ich die vō Meinz, Speier, Franckfurt, Wŭrzburg, Heidelberg, Nôrnberg, Straßburg, Leipſig, Erdfurt, vnd andere, denen auch die von Côlen volgen, wan ſie das Ober Teŭtſch verfertigen. Donawiſche verſtee ich alle in den Alt Baieriſchen vnd Schwebiſchen Landē, den Rein vnberŭrt. (Alt Baieriſche ſeind die, ſo vorzeiten all vnder eim Fŭrſten waren, nemlich Hôrzogthumb Beieren, Oſt oder Oeſterreich nid vnd ob der Ems, Kârnten, Steier, Tirol, Krain, Saltzburgerland, ſamt der Ambergiſchē oder Obern Pfaltz mit iren anſtôſſen, ꝛc.) Hôchſt Reiniſche leſtlich, die ſo vor ieziegen jaren gehalten haben im druckem die Sprach der Eidgenoſſen oder Schei=[33]tzer, der Walliſer, vnd etlicher beigeſeſſener im Stifft Coſtantz, Chur, vñ Baſel.]

AJ vnd EJ fahe ich an zu beſchreiben, wellliche Diphthongen auch alſo ay ey in etlichen Sylben gedruckt werden gefunden.

Der Diphthong AJ oder âi iſt gemein in denen Landen, die ich hievor hab Donawiſche genennt. Nun Erſtlich: Wan die Donawiſchen nach irer Landen ausſprach die nechſtvolgende Wort mit ei ſchreiben, ſo wôllen ſie etwas anders darmit anzeigen, als wan ſie dieſelben alſo mit ai ſchreiben vnd drucken.

Laim, laib, raiff, glaich, fail, mail, ſaiten, ſtaig, laiſten, waichen, raiſen, waiſe, baiſſen, erlaiden, geſchwaigen, mainen, wainen, am Rain, ſchlaiffen, ſtraich, ſchmaiſſen.

2. Die Wôrter ſo von Mitter Teŭtſchen Bŭchſetzern (von denen auch hievor gemeldet) mit EJ gedruckt werden, ſeind zweierlei. In ſchreibung etlicher daher gehôrender Wôrtern komen nur die Donawiſchen mit den Mitter Teŭtſchen vber eins: in andern aber halten es nur die Hôchſt Reiniſchen (die auch erclârt) mit den Mitter Teŭtſchen. Dan [34] ein teil Wôrtern die von Mitter Lendern mit ei gedruckt ſeind, iſt bisher bei Donawiſchen allzeit mit ai gedrucket wordē (es ſei dann der frembde ſetzer aus der gmeinen weis getretten:) ein teil nur mit ei, vnd nie mit ai. Was aber die Mitter Teŭtſchen vnd Donawiſchen miteinander mit ei drucken, das reden vnd haben gedrukt mit diſem einzigen zeichen y die Hôchſt Reiniſche.

JOHANNES KOLROß

ENchiridion:// das ift/ Handbůchlin// tütfcher Orthographi/ ... (1530).
In: Müller 1882, S. 65.

Vorred.

DIewyl es Gott dem allmechtigen in difer letften zyt alfo gefallen/ die heylig gfchrifft (fins göttlichen worts) dem einfaltigen leyen zů heyl vnnd troft/ ouch in verftåndiger våtterlicher fpråch/ durch den truck an das liecht zekummen laffen/ Werdend nit wenig gereytzt jre kynd/ fo zů den vrfprünglichen fpråchen heyliger bi= [Bl. A ija] blifcher fchrifft/ als Hebreifch/ vnd Kriechifch/ oder ouch Latinifch/ nit gantz touglich/ in die tüdtfche fchůl vnd leer zefchicken/ ja ettlich der elltern felbs/ ouch handtwercks gfellen/ vnnd jungkfrowen (welche das wort Gottes behertzigt) tüdtfch fchryben vnd låßen zelernen/ fich bemůyend/ die zyt vfferthalb jrer arbeit/ in erluftigung heyliger gfchrifft nützlich zůuertryben. Es ift aber niemand der nit begår főlichs vff das aller båldeft zeerlernen. Derhalben ift difes handtbůchlin gemacht/ da mit die jhenigen so ettlicher maß fchryben vnd låßen ergriffen/ daruß was jnen noch manglet/ ouch in kurtzem erlernen mögen. Es můß aber diß bůchlin mit flyffiger uff merckung/ vnd gůtem vrteyl offtmals gelåßen werden/ darumb es ouch Enchiridion (das ift handtbůchlin) genant/ das mans in hånden tragen/ vnd zů meer malen låßen foll. Nit allein von wegen das es nåch håchtüdtfcher fpråch artlich vnnd recht tüdtfch lernt fchryben/ Sonder das man ouch die Allegationes vnnd Concordantias Biblifcher bůcher/ fampt der Ciffer zaal (welche meer in der heyligen fchrifft/ dann die gemeyn zaal gebrucht) gnůgfamlich dorinn mag lernen verfton/ Dann fo einer fchon vil bůcher hett/ vnd noch die anzeygungen vnd einhelligkeyten heyliger fchrifft/ noch die Ciffer (fo nåben [Bl. A ijb] dem text an örtern verzeychnet) verftůnde/ wurd er wenig frucht mit jnen fchaffen. Söllichs aber mag ein verftåndiger ley (der zimmlich låßen kan) vß difem bůchlin (fo vil jm nodt) ergryffen/ vnd felbs lernen verfton. Den jungen aber/ fo yetzt zimmlich fchryben können/ doch der gerechtigkeit vnd art recht vnd verftåndtlichs fchrybens manglen/ mags ein Leermeyfter fins gefallens zů zyten im jor låfen/ vnnd vor ougen practicieren/ ouch minderen oder meeren/ ye nach gelegenheyt des lands vnnd der fpråch. Dann diß ift fürnåmlich für die hochtüdtfchen gemacht/ würt doch in vylen dingen/ ouch andern tüdtfchen nit vnnützlich fin. Darumb was eim yeden zů finer fpråch dienftlich welle er annemen. Vnnd wie wol ich gedenck diß min arbeit von ettlichen (fo artlich fchrybens wenig achten) verlachet werde/ hab ich doch denen fo von mir gelernt/ vnnd fürohin noch lernen mögen/ ouch allen liebhabern artlichß fchrybens zů gůt difeß handbůchlin wie nachuolget zefamen gebracht/ vnd in den truck gefertigt/ mit hilff Gottes des allmechtigen/ jm fey lob/ ehr/ vnd pryß/ in ewigkeyt. Amen.

VALENTIN ICKELSAMER

Teutſche/ Grammatica// Darauß ainer von jm ſelbs mag// leſen lernen/... (1537).
In: Müller 1882, S. 132-134.

Wie ainer von jm ſelbs mög leſen lernen.

[Bl. B vb] Wer von jm selbs/ oder auch ſunſt von ainem lermaiſter bald vnd leichtlich will leſen lernen/ der gedenck widerſynnes das/ a/ be/ ce auß den wörtern vnd rede/ vnd nit die wörter auß dem/ a/ be/ ce/ wie wir yetzt thůn/ zů lernen/ dann alſo hat auch der aller erſt lernen leſen/ der das leſen vrſprůngk-lich erfunden hatt/ Er thůe jm alſo/ er höre vnd merck auff die verenderte tayl aines worts/ darein ſetz er das wort ab/ vnd wieuiel nun das wort der verenderten tayl/ ſtymm oder laut hat/ ſo vil hatt es bůchſtaben/ als in diſem wort/ Hans/ da ſein vier verenderung/ das ſein vier bůchſtaben. Zum erſten hört vnd vernymbt man ainen ſtarcken athem/ wie man inn die hende haucht/ das iſt das/ h/ das haucht man auff den laut/ a/ nach dem laut/ a/ ainen klang durch die naſen/ vnnd zum letſten wirdt gehört ain junge tauben [A: Bl. B iiijb] oder ſchlangen ſibilen/ Da iſt kain tayl vnter diſen vieren dem andern gleich/ vnd iſt niemandts ſo vnuerſtendig vnd vnmerckſam/ der nit hören vnd mercken wolt/ was das ſey das alſo den laut/ a/ herauß athemet vnd haucht/ ſo er das wort ſelbs in ſei= [Bl. B 6a] nen mund nymbt/ vnnd merckt im nennen wie vnd mitt welchem gerüſt ain yede verenderung der worts gemacht wirdt/ das er darnach ainen yeden bůchſtaben des worts allain zůnennen wiſs/ das er aber die tayl der wort feyn/ rain vnd aigentlich künd ab fündern vnd von ainander taylen/ ſo nemb er ain yedes wort/ deß bůchſtaben er wiſſen will/ ſelbs in ſeinen mund/ da merckt er die verenderung der laut vnd ſtymm vil ehe vnd bas/ dann ſo ers von ainem andern hört/ als aigentlich zůerkennen/ vnd von den andern bůchſtaben abzůfündern den erſten bůchſtaben des obgeſetzten worts/ Hans/ thůe er/ als wöl er den laut/ a/ herauß hauchen/ vnd ehe er den laut faren leſt/ brůfe er was das ſey das alſo den laut außtreibt/ die andern zwen bůchſtaben als das /n/ vnd/ s/ ſein deütlicher zůmercken.
[A: Bl. B va] Etlich ſagen/ in ain ſchertz zů den vnerfarnen des leſens/ ſy wöllen ſy in ainer ſtund ainen namen leren leſen/ vnd mainen den leichten vnnd kurtzen namen/ Ot/ aber ſy mainens nitt nach der rechten kunſt/ kündens auch ſelbſt nit/ ſonder mainens alſo/ [Bl. B 6b] das der vnerfarne des leſens ſoll alſo one verſtand mercken die zwen bůchſtaben/ vnd ſöls glauben es haiß Ot/ gleich wie man ainen blinden die farb möcht lernen kennen/ das man jm ſagt ſy wer ſchwartz/ die er doch ſelbs nit ſehen kündt/ das wer vngewiß.
Aber das wår vnd hieß den namen OT ainen recht geleret/ der jn verſtendig machet der zwů klaren vnd deütlichen verenderung oder tayl diſes worts/ als nåmlich das er zum erſten höret den ſtarcken bůchſtaben/ der alle Roß helt/ vnd darauff ainen zungen ſchlag/ vnd wie er in diſem kurtzen vnd leichten wort ettlich verenderung vnd tail der laute vnd ſtimm höret/ deren ain yeder wår/ vnd hieß ain bůchſtab/ Alſo folt er nun in allen wörtern/ auch den ſchwerſten thůn/ nåmlich/

mit ſynnen bedencken vnd brůfen/ was vnd wieuil er verenderte tayl oder vngleiche [A: Bl. B vb] bildtnuß in ainem yeden wort hŏret/ vnd ſaget jm das man die bůchſtaben allain/ vnd auß dem wort geſetzt/ nit anders nennet/ dann wie ſy im wort hieſſen. Wer wolt nun/ ſag ich/ der alſo diſen namen Ot mit ſolchem verſtandt geſtudiert hett/ nit [Bl. B 7a] auch vndterſchiedlich mercken künden die bůchſtaben in andern wŏrtern? als Wolff/ Hund/ Katz/ Fuchs ꝛc.

Wer nun alſo ain yedes wortt abſetzen kündt in ſeine tayl/ der kündt warhafftig ſagen/ Er het das leſen von jm ſelbs gelernet/ ehe er ye ainen bůchſtaben het kennet/ vnd kündt ſagen/ das wort hat ſouil bůchſtaben/ wann er ſchon ſein lebtag kainen bůchſtaben het geſehen/ ja der kündt gewiß mercken/ wa dem leſen ettwas mangels oder überfluß were/ vnd wa es des bedŏrft/ kündt er newe bůchſtaben machen/ welches doch vil nit künden/ die ſchon zwaintzig oder dreiſſig jar haben geleſen.

Mit ſolcher feiner ſubtiligkait ſolten auch die ſchůlmaiſter jre ſchůler ůben vnd ſy alſo leſen leren/ dann das geb jrem verſtand hernach zů vilen andern dingen geſchickligkait/ Die elltern auch die jre kinder ſelbs dahaim [A: Bl. B 6a] wolten leren leſen/ ſolten ſy ain weil mit diſer kunſt ſpylen laſſen/ das ains dem andern ain wort auffgeb/ vnnd es fraget wieuil es bůchſtaben hett/ vnd wie ain yeder ſolcher bůchſtab vndterſchidlich allain genennet [Bl. B 7b] würdt/ vnd wie er oder mit welchem gerüſt im mund gemacht wirdt/ ja ſolches ſolt ain kurtzweil ſein aller deren die nit leſen künden vnd es etwan lernen wŏlten/ vnd wer dann alſo die bůchſtaben in den wŏrtern vrtailen vnd erkennen kündt/ der bedŏrfft darnach nit mehr/ dann das man jm für augen zayget vnd weyſet wie die bůchſtaben ain form vnd geſtalt hetten/ deren ſtymm vnd namen er vor in den wŏrtern gelernet hett.

Wer nun das leſen von jm ſelber ſo weit lernet/ biß auff die erkendtnuß der geſtalt oder form der bůchſtaben/ der iſt diſes rhůmes vnd preyſes wol werdt/ das er mit warhait ſagen darff/ Er habs leſen frey von jm ſelbs gelernet. Wie aber ainer auch von jm ſelber mŏcht lernen die form vnd geſtalt der Bůch-ſtaben/ gleich wie er jre ſtymm vnd namen von jm ſelbs gelernet hat/ ſoll volgen.

BIBLIOGRAPHIE

Albertus, Laurentius. 1573. **Teutsch Grammatick oder Sprach=Kunst.** Augsburg: Michael Manger. In: **Ältere deutsche Grammatiken in Neudrucken, III.** Hrsg. C. Müller-Fraureuth. Straßburg, Trübner 1895.

Assion, Peter. 1973. **Altdeutsche Fachliteratur.** Grundlagen der Germanistik 13. Berlin, Erich Schmidt.

Bach, Adolf. 1965^8. **Geschichte der deutschen Sprache.** Heidelberg, Quelle & Meyer.

Bach, Heinrich. 1934. **Laut- und Formenlehre der Sprache Luthers.** Kopenhagen.

Bahder, Karl von. 1890. **Grundlagen des neuhochdeutschen Lautsystems. Beiträge zur Geschichte der deutschen Schriftsprache im 15. und 16. Jahrhundert.** Straßburg, Trübner.

Behaghel, Otto. 1923-28. **Deutsche Syntax. Eine geschichtliche Darstellung.** 3. Band. Heidelberg, Winter.

ders.: 1928^5. **Geschichte der deutschen Sprache.- Grundriß der germanischen Philologie 3.** Berlin u. Leipzig, de Gruyter.

Benzing, Joseph. 1936. **Der Buchdruck des 16. Jahrhunderts im deutschen Sprachgebiet: Eine Literaturübersicht.** Leipzig, Harrassowitz.

Bieling, Alexander. 1880. **Das Prinzip der deutschen Interpunktion nebst einer übersichtlichen Darstellung ihrer Geschichte.** Berlin.

Braune, Wilhelm. 1888a. "Zu den deutschen e-Lauten". PBB. 13. S. 573-85.

Burdach, K. 1883. **Die einigung der Nhd. Schriftsprache, das 16.jh.** Habilit. Halle.

Bloomfield, Leonard. 1911/1912. "The E-Sounds in the Language of Hans Sachs." Modern Philology 9. S. 489ff.

Brook, Kenneth. 1955. **An Introduction to Early New High German.** Oxford, Basil Blackwell.

Clajus, Johannes. 1578. **Grammatica Germanicae Lingvae M.Iohannis Claij. Hirtzbergensis: Ex Bibliis Lutheri Germanicis et aliis eius libris collecta.** Leipzig, Rhamba. In: **Ältere deutsche Grammatiken in Neudrucken, II.** Hrsg. Friedrich Weidling. Straßburg, Trübner 1894.

Eggers, Hans. 1969. **Deutsche Sprachgeschichte, III. Das Frühneuhochdeutsche.** Reinbek bei Hamburg, Rowohlt.

Eichler, Ingrid und G. Bergmann. 1967. "Zum Meissnischen Deutsch. Die Beurteilung des Obersächsischen vom 16. bis zum 19. Jahrhundert." PBB (Halle). 89, S. 1-57.

Engelien, A. 1885. **Grundriß der Geschichte der deutschen Grammatik sowie der Methodik des grammatischen Unterrichts in der Volksschule.** Berlin.

Fabritius, Meister Hans. 1532. **Eyn Nutzlich buchlein etlicher gleich stymender worther Aber vngleichs verstandes/.** Erfurt: M. Maler. In: **Ältere deutsche Grammatiken in Neudrucken, I.** Hrsg. John Meier. Straßburg, Trübner 1895. S. 1-44.

Fechner, Heinrich, Hrsg. 1882. **Vier seltene Schriften des sechzehnten Jahrhunderts.** Berlin, Wiegandt und Grieben.

ders.: 1878. **Der erste Leseunterricht.** Berlin, Wiegandt und Grieben.

Fleischer, Wolfgang. 1965. "Zum Verhältnis von Phonem und Graphem bei der Heraustellung der nhd. Schriftsprache." Wissenschaftliche Zeitschrift der Friedrich Schiller Universität Jena. (Gesellschaft-und Sprachwissenschaftliche Reihe). 14, S. 461-65.

Frangk, M. Fabian. 1531. **Orthographia// Deutsch/ lernt/ recht// buchstăbig deutsch schreiben.//** Wittenberg, N. Schirlentz. In: Müller 1882, S. 92-110.

Fuchßperger, Ortholph. 1542. **Leeßkonst.** In: Müller 1882, S. 166-88.

Götze, Alfred. 1905. **Die hochdeutschen Drucker der Reformationzeit.** Straßburg, Trübner.

ders.: 1942[3]. **Frühneuhochdeutsches Lesebuch.** Göttingen, Vandeenhoeck & Ruprecht.

ders.: 1967[7]. **Frühneuhochdeutsches Glossar.** Berlin, de Gruyter.

Gottsched, Johann Christoph. 1762. **Deutsche Sprachkunst.** Leipzig, Bernh. Christ. Breitkopf u. Sohn. In: **Ausgewählte Werke.** Bd. 8, bearb. von Herbert Penzl. Hrsg. P.M. Mitchell. Berlin, New York, de Gruyter 1978.

Grüßbeütel, Jacob. 1534. **Eyn Besonder fast nützlich stymbüchlein mit figuren.** Augspurg. In: Fechner, H. **Vier seltene Schriften des sechzehnten Jahrhunderts.** Berlin 1882. Grun, Paul Arnold. 1966. **Schlüssel zu alten und neuen Abkürzungen.** Limburg/Lahn, C.A. Strake Verlag.

Hagemann, A. 1980. **Die majuskeltheorie der grammatiker des neuhochdeutschen von Johann Kolrosz bis auf Karl Ferdinand Becker.** Programm des König. Gymn. zu Graudenz, Jahrg. X. In: W. Mentrup, Hrsg. **Materialien zur historischen Entwicklung der Groß- und Kleinschreibungsregeln.** S. 118-62. Tübingen, Niemeyer.

Helber, Sebastian. 1593. **Teutsches Syllabierbüchlein.** Freiburg in Vchtland: Gemperle. Hg. von Gustav Roethe 1882.

Henzen, Walter. 1954[2]. **Schriftsprache und Mundarten. Ein Überblick über ihr Verhältnis und ihre Zwischenstufen im Deutschen.** Bern, Francke.

Ickelsamer, Valentin. 1525. **Clag etlicher brüder an alle Christen von der grossen vngerechtickeyt vnd Tyrannei, so Endressen Bodensteyn von Carolstat yetzo von Luther zu Wittenbergk geschicht.** In: Ludwig Enders, Aus dem Kampf der Schwärmer gegen Luther. 1893. S. 41-55.

ders.: 1534[2]. **Die rechte weis auffs kürtzist lesen zu lernen.** Marburg: Fransiscus Rhodus. In: Müller 1882, S. 52-63.

ders.: 1534? **Eiñ Teütsche Grammatica Darauß einer võ jm selbs mag lesen lernen.** In: Fechner,H. Vier seltenene Schriften des sechzehnten Jahrhunderts. Berlin 1882.

ders.: 1537[2]. **Teutsche Grammatica Darauß ainer von jm selbs mag lesen lernen.** In: Müller 1882, S. 120-59.

Ising, Erika. 1960. "Zur Entwicklung der Sprachauffassung in der Frühzeit der deutschen Grammatik." Forschungen und Fortschritt. 34. S. 367-74.

Jellinek, Max Hermann. 1913f. **Geschichte der neuhochdeutschen Grammatik von den Anfängen bis auf Adelungen.** 2 Bände. Heidelberg, Winter. Neudruck: Heidelberg 1968ff.

ders.: 1906. "Studien zu den älteren deutschen Grammatikern." Zeitschrift für dt. Altertum und dt. Literatur. 48. S. 313-63.

Jordan, Peter. 1533. **Leyenschül// WIe man künstlich// vnd behend/ schreyben vnnd// lesen soll lernen.** Meyntz. In: Müller, 1882. S. 110-19.

Kaiser, Kare. 1930. **Mundart und Schriftsprache.** Leipzig, Eichblatt.

Kehrein, Joseph. 1834-1856. **Grammatik der deutschen Sprache des fünfzehnten bis siebzehnten Jahrhunderts.** Leipzig, Wigand.

ders.: 1873. **Überblick der Geschichte der Erziehung und des Unterrichtes insbesondere auch der wichtigsten Lesemethoden.** Paderborn, F. Schöningh.

Keller, R.E. 1978. **The German Language.** Boston, Faber and Faber.

Kienle, Richard von. 1969[2]. **Historische Laut- und Formenlehre des Deutschen.** Tübingen, Niemeyer.

Kluge, Friedrich. 1967[20]. **Etymologisches Wörterbuch der deutschen Sprache.** Berlin, Walter de Gruyter.

Kolroß, Johannes. 1530. **ENchiridion: das ist Handbůchlin tütscher Orthographi.** Basel, Th. Wolff. In: Müller 1882, S. 64-91.

Kranzmayer, Eberhard. 1956. **Historische Lautgeographie des gesamtbairischen Dialektraumes.** Wien, Böhlaus Nachf.

Lindgren, Kaj B. 1953. **Die Apokope des mhd. -e in seinen verschiedenen Funktionen.** Annales Acad. Scient. Fenn. Ser. B, Tom. 78.2. Helsinki.

ders.: 1961. **Die Ausbreitung der nhd. Diphthongierung bis 1500.** Annales Acad. Scient. Fenn. Tom. 123.2. Helsinki.

Luick, Karl. 1886. "Die Qualität des mhd. e nach den lebenden Dialekten." PBB. 11. S. 492-517.

ders.: 1889. "Zur Geschichte der deutschen e-und o-Laute." PBB. 14. S. 127-48.

Maaler, Josua. 1561. **Die teütsch spraach. Alle wörter/ namen/ vñ/ arten zů reden in Hochteütscher spraach... Dictionarium Germanicolatinum novum.** Zürich. Documenta Linguistica, Reihe I. Hrsg. G. de Smet. Hildesheim, Olms 1971.

Meichßner, Joh. Hel. 1538. **Handbüchlin gruntlichs berichts.** Tübingen, Ulrich Morhart. In: Müller, S. 160-66.

Michel, Wolf-Dieter. 1959. "Die graphische Entwicklung der s-Laute im Deutschen." BGDSL (Halle) 81. S. 456-80.

Moser, Hugo. 1926. "Grundfragen der frühneuhochdeutschen Forschung." GRM 14. S. 25-34.

Moser, Virgil. 1909. **Historisch-Grammatische Einführung in die Frühneuhochdeutschen Schriftdialekte.** Halle/Saale, Verlag der Buchhandlung des Waisenhauses.

ders.: 1929. **Frühneuhochdeutsche Grammatik.** 1. Band. Heidelberg, Carl Winter.

ders.: 1951. **Frühneuhochdeutsche Grammatik.** 3. Band. Heidelberg, Carl Winter.

Moulton, William. 1962. **The Sounds of English and German.** Chicago, University of Chicago Press.

ders.: 1961. "Zur Geschichte des deutschen Vokalsystems." PBB. 83. S. 1-35.

Müller, Johannes. 1882. **Quellenschriften und Geschichte des deutschsprachlichen Unterrichts bis zur Mitte des 16. Jahrhunderts.** Gotha, Thienemann. Neudruck: Hildesheim, Olms, 1969.

Nagl, W. 1894. "Zur Aussprache des ahd. mhd. ë in den oberdeutschen Mundarten." PBB. 18. S. 262-69.

Oelingerus, Albertus Argent. 1573. **Underricht der Hoch Teutschen Spraach: Grammatica Seu Institutio Verae Germanicae linguae.** Straßburg, Nicolaus Vvyriot. Ältere deutsche Grammatiken IV. Hrsg. Willy Scheel. Halle/Saale, Niemeyer 1897.

Paul, Hermann. 1884. "Vokaldehnung und vokalverkürzung im neuhochdeutschen." BGDSL 9. S. 101-34.

ders.: 1916-1920. **Deutsche Grammatik.** 5 Bde. Halle/Saale, Niemeyer.

ders.: 1969[20]. **Mittelhochdeutsche Grammatik.** Von Hugo Moser und Ingeborg Schröbler. Tübingen, Niemeyer Verlag.

Penzl, Herbert. 1969. **Geschichtliche deutsche Lautlehre.** München, Hueber.

ders.: 1971. **Lautsystem und Lautwandel in den althochdeutschen Dialekten.** München, Hueber.

ders.: 1972. **Methoden der Germanischen Linguistik.** Tübingen, Niemeyer.

ders.: 1975. **Vom Urgermanischen zum Neuhochdeutschen. Eine historische Phonologie.** Grundlagen der Germanistik 16. Berlin, E. Schmidt.

ders.: 1983. "Valentin Ickelsamer und die Aussprache des Deutschen im 16. Jahrhundert". In: Virtus et Fortuna Festschrift für Hans-Gert Roloff. Hg. von Joseph P. Strelka und Jörg Jungmayr. Bern, Peter Lang.

ders.: 1984. **Frühneuhochdeutsch. Eine Einführung in die Sprache.** Germanistische Lehrbuchsammlung. Hg. von H.-G. Roloff. Bern, Peter Lang.

Piirainen, Ilpo Tagani. 1968. **Graphematische Untersuchungen zum Frühneuhochdeutschen.** Berlin, de Gruyter.

Raumer, Karl von. 1873[4]. **Geschichte der Pädagogik vom Wiederaufblühen klassischer Studien bis auf unsere Zeit. Gütersloh, Bertelsmann.**

Reis, Marga. 1974. **Lauttheorie und Lautgeschichte. Untersuchungen am Beispiel der Dehnungs- und Kürzungsvorgänge im Deutschen.** München, Fink.

Roemheld, Friedrich. 1955. "Die Längenbezeichnungen in der deutschen Rechtschreibung." Der Deutschunterricht 7. S. 71-83.

Rolff, Hans-Gert. 1979. (Hrsg.) **Die deutsche Literatur. Biographisches und bibliographisches Lexikon.** Reihe II. **Die deutsche Literatur zwischen 1450 und 1620.** Abt. B: Forschungsliteratur. Band I. Bern, Frankfurt, Peter Lang.

Rückert, Heinrich. **Geschichte der neuhochdeutschen Schriftsprache.** 2. Bd.: **Vom 16. bis zur Mitte des 18. Jh.** Leipzig.

Schmitt, Ludwig Erich. 1936. "Zur Entstehung und Erforschung der neuhochdeutschen Schriftsprache." Zeitschrift für Mundartforschung 12. S. 193-223.

Schwarz, Ernst. "Die Grundlagen der neuhochdeutschen Schriftsprache." Zeitschrift für Mundartforschung 12. S. 1-15.

Socin, A. 1888. **Schriftsprache und dialekte nach zeugnissen alter und neuer zeit.** Heilbronn.

Stammler, Wolfgang. 1925. "Zur Sprachgeschichte des 15. und 16. Jahrhunderts." In: Vom Werden des deutschen Geistes: Festgabe G. Ehrismann. S. 171-89. Berlin.

Steinhöwel,Heinrich. 1473. **De claribus mulieribus.** In: Müller 1882, "Aus Hainricus Stainhöwels Buch 'von etlichen frowen'."

Stopp, Hugo. 1976. **Schreibsprachwandel. Zur großräumigen Untersuchung frühneuhochdeutscher Schriftlichkeit.** München, Vögel.

Tschirch, Fritz. 1975[2]. **Geschichte der deutschen Sprache.** Zweiter Teil: **Entwicklung und Wandlungen der deutschen Sprachgestalt vom Hochmittelmittelalter bis zur Gegenwart.** Berlin, E. Schmidt.

Waterman, John T. 1966. **A History of the German Language.** Revised ed. University of Washington Press.

Wiesinger, Peter. 1970. **Phonetisch- Phonologische Untersuchungen zur Vokalentwicklung in den deutschen Dialekten.** 2 Bände. Studia Linguistica Germanica 2. Berlin.

Wilmanns, W. 1899ff. **Deutsche Grammatik: Gotisch, Alt-, Mittel-und Neuhochdeutsch.** Straßburg, Trübner.

ders.: 1905. "Mundart und Schriftsprache." Wissenschaftliche Beihefte zur Zeitschrift des Allgemeinen Deutschen Sprachvereins. 4. Heft 27, S. 209-17.

Wyle, Niklas von. 1478. **Translatzen.** Eßlingen, K. Fyner. Hrsg. A. von Keller. Stuttgart, Bibliothek des Litt. Vereins, Bd. 57, 1861.

SACHVERZEICHNIS

<å>, 72-73, 80
Adjektive, 41
Affrikata, -en, 84; (dental), 31, 93, 162-163; (labial), 86 147
akustisch, 11, 16, 104
Akzent, 67, 69
Albertus, Laurentius, 11, 38
Alemannisch, 9, 17, 106, 112, 129, 132, 146, 177
Allophon, -e, 29, 104, 141, 146; [ç], 166; [z], 161
Alphabet, latein., 61, 84
Althochdeutsch (ahd.), 62, 64, 67, 84
alveolar, 147
Anredeformeln, 46
Antiquadruck, 33
apikal /r/, 167, 179
Apokope, 117
Artikulationsart, 142
artikulatorisch, 11, 104
Assimilation, 146, 147 (Defin.), 150, 157, 162
<au>, 76; Fab., 124; Hel., 132
auditiv, 104
Augsburg, 12
Auslautverhärtung 146, 148, 152, 179
Ausrufezeichen, 37, 39, 56
Aussprache, 1, 178; Beschreibung, 11; <ie>, 77 /a,o/ 122-124; Schweizer, 123; Diphth. 129; /au/ 132; /d,t/ 148;
Aussprachenorm, 11, 176

Bach, A., 24
Bahder, K. von, 23
Bairisch, 115, 146
Basel, 17
Bauernkrieg, 13

biuniqueness, 29 (Defin.), 30
Bodenstein, Andreas, 13
Boedicker, Joh., 33, 40
Brant, Seb., 24
Buchdruck, 8, 27, 177
Buchstaben, 16, 141-143
Buchstabenschrift, 30
Buchstabiermethode, 12, 16

Clajus, Joh., 11

Dehnung, 106, 125-126
dental, 147
deutsch, Sprache, Literatur, 8; Grammatik, 22; Unterricht, 25; Abkürzg., 43
deutschsprachig, 9
deutschsprachlich, 7
diachronisch, 29, 105
diagraphisch, 2, 63, 103, 121
dialektische Variation, 12, 20
diatopisch, 2
Digraphie, -n, 62, 71, 74, 84; <sz>, 91; <tz>, 93
didaktisch, 7, 34
Diphonemisierung, 103, 106
Diphthongierung (frünhd.), 106 (Defin.), 129, 131
Diphthong, -e , 73 ff., 79, 127 ff.; Zeichen, 64; Hel., 71, 74-75; Kol., 71; Fab., Ick., 74
Donat, 15
Doppelkonsonanz, 51, 67, 89, 90
Doppelpunkt, 32, 33, 35, 36, 38
Doppelvokal, 69
Drucker, 33, 42, 176
Druckereien, 106
Druckersprache, -n, 24, 27, 75, 128, 177; Basel 129; Freiburg 133

Druckort, 11
<dt>, 87 e-Laute, 113 ff., 178
<ei,ai>, 75-76; Ick., 130
Eigennamen, 40, 42, 87
Entrundung 110-111, 113; <eu>, 134
Erfurt, 13, 19
Etymologie, 47, 48, 50; Ick., 15; Kol., 18
etymologisch, 47, 113, 135, 178
<eu>, 76-77; Hel., 134
Euphonia, 48

Fabritius, 16, 18 ff., 31, 41, 79, 93, 114, 131, 147; <au> 124; <dt> 87; Diphth., 74; Doppelschreibg., 67; Umlaut, 71, 72
Fechner, H., 2, 34, 44, 49, 72
Fischart, J., 24
Fortis, 146
fortis:lenis, 149
Fragezeichen, 32, 33, 35, 38, 55
Frangk, F., 11, 12
Freiburg i. Breisgau, 7
Fremdwort, -wörter, 56, 62, 93, 94, 132, 149
Frühneuhochdeutsch, (frühnhd.), 1, 80, 105, Fuchßperger, O., 8, 16, 40, 51, 116, 169

Gemeinsprache, 1, 12, 22, 80, 117, 176
genetisch-akustisch, 121
Geräuschlaute, 62
<gg>, 89, 152
Gleitlaut, 86, 147, 166
Glottisverschlußlaut, 57
Gottsched, J. Ch., 20, 22
Grammatik, 8, 11; deutsch, 22
Grammatiker, 11, 47, 177; Ick, 14, 16
Graphem, 30, 32 (Defin.), 79
Graphematik, 2, 30, 31

Graphemfolge, 31; <ng> 48-49; <mb> 85-86; <pf>, <ph> 86
Graphemzusammenfall, 68, 80
Graphem:Phonem, 104
griechisch, 94; <y>, 63
Großbuchstaben (Majuskel), 39
Großschreibung, 39 ff., 55; Theorie, 18; syntaktisch, 40 (Defin.), 56
Grübeütel, J., 8, 16
Gutenberg, Joh., 62

<h>, 94
Hagemann, A., 43
Halbvokale, 84, 96-97, 141, 179
Hauchlaut, 164-166
Hauptsatz, 34
Hebung, 112
Helber, S., 21, 31, 77, 129, 130, 143, 153-154, 176; Umlaut, 71; Diphth., 71, 74-75; <y>, 108; <ie>, 108; <ü>, 110; e-Laute, 115; Dialekteinteilg., 128; <au>, 132; <eu>, 134
Hinterzungenvokale, 63, 121 ff.
Hochalemannisch, 111
hochdeutsch, 7, 11, 12, 21, 111
Hochsprache, 149, 177-178, 180
homographisch, 2, 62, 103
Homonym, 161
Huber, H. 19, 162
Humanismus, 8, 13

Ickelsamer, V., 12 ff., 31, 41, 43, 55, 69, 70, 93, 142, 176; Orthographie, 27; Doppelschreibg., 66; Umlaut, 71; Diphth., 74; <dt>, 87; <ß>, 92; <sch>, 93; /i/, 108; e-Laute, 113; /u/, 121; /o,a/ 122; (ei, ai), 130; Lautbeschreibg., 144; <d,t>, 147
<ie>, 77; Hel., 108

Interpunktion, 55
Interpunktionslehre (Kol.), 36
Intonation, 29, 55

Jellinek, M. H., 12, 22-23
Jiddisch, 161
Jordan, P., 8, 16
Junktur, 29, 56

Kanzlei, -en, 11, 27, 32, 106;
 Maximilians, 12
Kanzleisprachen, 24
Kehrein, J., 23
Keller, R. E., 24
Kleinbuchstaben (Minuskel), 39
Kolroß, Joh., 17 ff., 31, 79, 94, 129, 143, 148, 176;
 Anfangsbuchstaben, 42;
 Doppelschreibg., 66-67; Umlaut, 71: Diphth., 71; /i/, 108-109;
 e-Laute, 113; <å>, 114; /u/, 121; /a,o/, 122; Diphthongierung, 128;
 Schriftsprache, 131; Sibilant, 160-161; Kolroß <dt> 87
Komma, 33, 37
Komposita, 47
Konjunktion, <daß>, 92
Konsonanten, 15, 179
Konsonanteneinschub, 88, 105
Konsonantensystem, 141, 171
Konsonantenverbindung, 48; <x>, 163
Konsonantenzugabe, 88, 105
Kontraktionen, 120
Kurzvokale, 65-67
Kürzung, 127

Labialisierung, 111
Langvokal, -e, 67-69, 79, 88
Latein, -isch, 3, 7, 8, 11, 33, 62
Lautbeschreibung, 1, 3, 11, 24; Ick., 15; Kol., 18; Fab., 19

Laute, 11, 23
Lautiermethode, 11, 15-16, 25, 104
Lautsegmente, 16
Lautsystem, 180
Lautung, 28
Lautung:Schreibung, Diskrepanz, 8
Lautverbindung, gs, 18
Lautwandel, 29, 103, 104
Lautwerte, 29, 31, 61, 74
Lautzeichen:Laut, 16, s. auch
 Schrift:Sprache, Phonem:
 Graphem, Lautung:Schreibung
Längebezeichnung, 94, 109
Lehnwörter, 93, 132, 156
Lehrmethoden, 8, 12 s.
 Buchstabier-, Lautier-, Lese-
Lenis, 146
Lenis:Fortis, 85 ff., 143-144, 156-157, 160
Lesemeister, 1 11, 24, 30, 55, 74, 96, 104, 147
Lesemethode, 142
Lesenlehren, 7
Lesenlernen, 10
Ligatur, 91
Lippenrundung, 123
Liquide, 84, 95, 141, 167-168
Luther, M., 12, 13, 19, 24

Marburger Offizinen, 177
Meichßner, Joh. H., 40
Meier, J., 37, 46, 53, 95
Melanchthon, 13
Methode (Analyse, Vergleich), 1-3
Mitteldeutsch (md.), 10, 106, 112, 122, 124, 130, 177
Mittelfränkisch, 151
Mittelhochdeutsch (mhd.), 32, 43, 67, 90-91, 105, 129
Modalverben, 53
Monophonemisierung, 103, 107,
 Monophthong, i:, 77
Monophthongierung, 106-107
 (Defin.), 131, 133

Morphemgrenze, 56, 94
Morphemtrennung, 49, 54
Morphemwechsel 113, 114, 134, 154
Moser, H., 23
Moser, V., 23
Mundarten, 106, 111, 124, 148
Müller, Joh., 25. 37, 72, 95

Namen, 56, 94
Nasal (velar), 96, 141, 169, 179
Nasale, 84, 95, 168-169; Abkürzg., 44
Nebensatz, 34
Neuhochdeutsch (nhd.), 85, 88, 105, 154, 156
<ng>, 31, s. auch Nasal (velar)
Niederdeutsch, 106, 148, 175
Niederrheinisch, 175
Noll, H., 24
Normung, 70
Notker, 67

Oberdeutsch (obd.), 9, 112, 117, 121, 124, 130, 165, 178
Ölinger, A. (Oelingerus), 11, 16, 18
orthoëpisch, 3, 61, 141, 148
Orthographie, 8, 11, 104, 176;
    Kritik, 16; Kol. 17;
    Unterbezeichng., 123; Scweiz, 123
Ostfränkisch, 12, 111
Osthessisch, 106
ostmitteldeutsch (ostmd.), 107

Parenthesenzeichen, 32, 33, 35, 38, 39
Paul, H., 23
Penzl, H., 23, 24
<ph>, 31, 147
Phon, 30
Phonem, -e, 3, 28-29 (Defin.), 84;
    suprasegmentale 55

Phonemfolge, (Abkürzg.) 45
Phonemik, 30
Phonemisierung, [z] 161, /ŋ/ 167
Phonemsystem, 24, 28, 29, 103
Phonemverbindung, 93
Phonemverschiebung, 104, 106, 107
Phonemzusammenfall, 80, 104, 116, 123, 124, 130, 132, 134, 141, 148-149, 152
Phonem:Graphem, 28, 30
phonemisch, 29, 30, 31
phonemischer Schub, 106
Phonetik, 30, 69
phonetisch, 15, 29, 31, 47, 178
Phonologie, 28, 29
phonologisch, 3
phonotaktisch, 84, 105, 112 (Defin.), 179
Pohl, K., 14
Postgraphie, 3, 77, 103, 133
Präfix, ge-, 94
Prägraphie, 3, 77, 79, 103, 131
prosodisch, 29, 55
Provinzialismen, 175
Punkt, 32, 33, 35, 36, 37

Quelle, -en, 1-3, 9, 14, 22

Rechtschreibung, 27-28, 134, 161
Reformation, 8, 10
regional, 11
Reibelaut, -e, 15, 84, 154; labial, 90; velar, 94-95; velar, 141, 165-166; <g>, 151-152; labiodental, 155; bilabial, 157-158; palatal, 166
Reim, 3, 110
Ripuarisch, 106, 111
Rundung 113, 116, 134

Sachs, H., 24

Satzakzent, 29, 56
Satzinterpunktion, 32 ff.
Satztypus, 34
Schibilant, 92-93, 161-162
Schonsberger, Joh., 12
Schreibmeister, 11
Schreibsprachen, 27, s. auch
  Schrift-, Schriftdialekt
Schreibung, -en, 24, 28; dt, 87
Schreibungsaussprache, 69, 165
  178
Schreibungsopposition, 62-63, 91
Schreibungssystem, 30, 104
Schreibungsumwertung, 79, 124,
  161
Schreibungsvariation, 91
Schreibungswandel, 106
Schreibung:Lautung, 1
Schriftdialekt, -e, 11, 12, 16, 24,
  119, 163
Schriftsprache, -en, 9, 27; Basel, 17;
  phonemisch, 31; überregional 70;
  nhd. 79, 130; md., 115, 132;
  bair.-schwäb., 132
Schriftsystem, 18, 61
Schriftzeichen, 3, 30, 61-63, 99-101
Schrift:Sprache, 16, 20, 30
Schryfftspiegel, 40
Schwaben, 19, 20, 132
Schwagleitlaut, 110, 117, 121
Schwäbisch, 124
segmental, 29
Sekundärmaterial, 3
Sekundärumlaut, 80, 112, 116
Semikolon, 37
Senkung, 112, 124
Sibilant, 91-92, 159-160
Silbenstruktur, 54, 118
Silbenteilung, 47
Sonorlaute, 62, 90
Spirans, bilabial, 146
Sproßvokal, 168
Steinhöwel, H., 33
Steininser, F., 24
stimmhaft, 143

stimmlos, 143
Stopp, H., 23
Substantive, 40, 41, 52
suprasegmental, 29
synchronisch, 29
Synkope, 117-119
synkopiertes e, 18
syntaktisch, 32, 34-35
Syntax, 29

Tonvokal, 44
Trennungszeichen, 32, 33, 37
Trigraphie, -en, 62, 71; sch, 93;
  überregional, 11
Umlaut, -e, 18, 70 ff., 178;
  Zeichen, 64; <äu>, 134
umgekehrte Schreibung, 77
  (Defin.), 78, 86, 93, 111, 116, 163
<uo,üe>, 78
uvular, 168

Variation, indirekte, 77; direkte,
  95, 103
Versalbuchstabe, 36
Verschlußlaut, -e, 15, 84, 141, 179;
  labial, 85-86, 145-147; dental,
  86-88, 147-148; velar, 88-90,
  150-154; fortis, 153
Virgel, 32, 33, 35, 36, 37, 38
Vogel, Th. M., 24
Vokalkürze, 80
Vokallänge, 80
Vokalsystem, 137
Vokalzeichen, 62 ff.
Vorderzungenvokal, -e, 63, 108 ff.;
  <å>, 113

Westthüringisch, 106
Willmanns, W., 23
Wittenberg, 13
Wortakzent, 29, 47, 57, 118
Wortbildung, 54

Wortgruppe, -n, 34, 47
Wortrennung, 51, 55
Wyle, N. von, 32, 33

<x>, 94

Zeicheninventar, 61
Zeichensystem; Vokale, 81-83;
   Konsonanten, 99-101
Zeichenvarianten, Umlaut, 71-72
Zeichenvariation, 90-92, 96;
   direkte, 63 (Defin.); <a,o>, 68;
   indirekte, 77
Zischlaut, -e, 84, 159 ff., s. auch
   Sibilant
Zusammenfall, 179
Zusammenschreibung, 47, 50, 51;
   Ortsadv., 51-52
Zusammensetzung, 50, 51, 53